致青年编辑的十二封信

聂震宁／著

编辑素养丛书

人民教育出版社
·北京·

图书在版编目（CIP）数据

致青年编辑的十二封信 / 聂震宁著. —北京：人民教育出版社, 2020.9
ISBN 978-7-107-35001-6

Ⅰ.①致… Ⅱ.①聂… Ⅲ.①编辑工作—中国—文集 ②出版工作—中国—文集 Ⅳ.①G239.2-53

中国版本图书馆CIP数据核字（2020）第191154号

致青年编辑的十二封信

策　　划：张华娟
责任编辑：苏　丹
书籍设计：胡白珂
图片统筹：张帅奇

出版发行　人民教育出版社
（北京市海淀区中关村南大街17号院1号楼　邮编：100081）
网　　址　http://www.pep.com.cn
经　　销　全国新华书店
印　　刷　北京盛通印刷股份有限公司
版　　次　2020年9月第1版
印　　次　2020年10月第1次印刷
开　　本　890毫米×1 240毫米　1/32
印　　张　7.25
字　　数　145千字
定　　价　39.00元

写给读者的信

（代序）

亲爱的读者：

您好！

很高兴您选择这本书，打开这本书，阅读这本书。

人们常说“开卷有益”。我想对您说的是，这确实是一本“打开有所获益，合上有所思考”“读来轻松，读完实用”的好书。

我之所以这么说是有缘由的。那么，就请您在开始这本书的阅读之前，先花点时间听我讲讲它出版背后的故事吧！或许您、我和这本书会产生更多的共鸣。

这本书的主体内容是聂震宁先生撰写的“致青年编辑的十二封信”，而这十二封信原都刊于中国新闻出版传媒集团旗下的《中国新闻出版广电报·出版周刊》。内容产品出版与传播大体离不开三个相互密切关联的环节，即作者、编者和读者。应该说，您现在手中的这本书就是这三者深度交融、共同作用的结果。当然，这也正是我要与您分享的这本书带给我们的共同启迪——

好读物一定出于好策划。您刚拿到这本书时，是不是有点似曾相识的感觉？没错！《致青年编辑的十二封信》最初的灵感就来自朱光潜先生的《给青年的十二封信》。

“人才是第一资源。”习近平总书记多次强调，“强起来要靠创新，创新要靠人才。”出版行业尤其如此。《中国新闻出版广电报》作为行业专业媒体，一直以来致力于服务行业，提升行业队伍素质。《中国新闻出版广电报·出版周刊》更是面向全国出版单位及其从业者，刊发了大量帮助业内同仁提升自身素质的务实性业务报道及文章，受到读者广泛欢迎和好评。在新时代新形势下，如何更加有效提高从业人员特别是青年编辑的素质，进而推动和实现出版业高质量发展，既是出版单位所面临的头等事、“头痛”事，又是广大编辑人员在工作实践中的内在要求和急切呼唤，当然，也成为《中国新闻出版广电报·出版周刊》编辑人员在策划选题时始终思考的问题。

《出版周刊》主编左志红女士有一次在给自己的孩子选择课外读物时，注意到了朱光潜先生的《给青年的十二封信》，她突生灵感：是不是可以找一位资深的出版人，给青年编辑写十二封信，以帮助他们成长呢？上班后，她把这个想法跟同事们说起，没想到大家一致叫好。于是，她和同事们在反复商量、修改后，拿出了在《出版周刊》开设《给青年编辑的十二封信》专栏的详细策划和实施方案。

好读物一定要找到好作者。好的策划有了，作者则成为关键中的关键。既要有水平，又要有文采；既要有思想，又要有实践；既要有威望，又要有权威……这些都关乎策划落实、栏目成败。

找谁呢？大家不约而同地将目光落在了韬奋基金会理事长聂震宁先生身上。论资历，他从漓江出版社编辑、社长，到人民文学出版社社长，再到中国出版集团总裁，有丰富的一线编辑工作经历和单位管理经验；论文笔，他是作家，是阅读推广人，出版过多部专著和小说。当然，再论一个专栏作者最基本的要素——按时交稿，这方面更没有问题，因为聂震宁先生是《中国新闻出版广电报》的老作者，一直对这份出版行业自己的报纸大力支持、关爱有加，报社编辑跟他约稿，他有求必应，且只要他答应写的，总是按时交稿，从未失约。

作者找对了，策划往往成功一大半。果然，聂震宁先生不是简单地答应写稿，而是两次约见编辑，一起坐下来对策划方案进行完善、细化，大到每一封信的主题及在出版链条上的逻辑关系，小到多长时间刊登一次，包括给写信对象起名“书同”（寓意“书业同仁”）等。

这里要向您特别提及的是，好内容一定要讲求好的方式。书信是世界上人与人思想和情感交流沟通的独特方式。近年来，随着传播技术的迅猛发展，人们的沟通方式由纸转到屏上，完整而情感色彩浓郁的传统书信沟通被碎片化的打字和语音所替代，人与人通过电子产品的沟通缺少了书信那种娓娓道来的亲近感和烟火气。《给青年编辑的十二封信》除了前面提到的由经典带来的启示外，也有通过这个栏目向书信这种传统文化致敬的含义，是想让青年编辑能透过信件这种传统的形式，找回沉得住气、静得下心的感觉。为此，报纸在刊发时特别用心设计了书信形式的版面，并把字体设计成了楷体。报纸的微信公众号转发第一封信时，也设计了一个从信封抽出信件的版式。这些都是在用版面语言让其更“书信”。

好读物一定会产生好效果。内容生产、传播的终端是读者。从某种意义上讲，一个内容产品，读者认可不认可、喜欢不喜欢是检验产品最重要的标准。《给青年编辑的十二封信》的实践再一次证明了这一点。

第一封信就“火”了！ 2019年7月8日，《给青年编辑的十二封信》的第一封信《写给新入行的编辑》，在《中国新闻出版广电报·出版周刊》第六版头条见报后，立刻引发了读者的广泛关注和强烈反响。

“书信感特别强，亲切耐读，宛如晴空万里、碧水蓝天。”“很接地气的佳作，这样的稿子才有人看！”“聂总提出的情怀不仅适用于出版业，也适用于其他行业。”“以书信的形式，向青年出版人传递著名出版人的情怀、理念、经验，使之成为出版界共享的精神财富，这个创新之举值得点赞！”“这样的文章正是传承文化情怀和职业精神最好、最生动的教材。”……读者纷纷点赞、留言、转发，报纸微信公众号的阅读量也创下了当月最高值。

“看完这封，坐等下一封。”这之后，每一封信的刊登推出，都如同湖面投石，激起层层涟漪。

有读者在信里找到了曾经的自己：“好几年前，我曾跟那位‘小文’一样，埋怨过自己的领导，埋怨过他的普通话和英语，后来才发现自己有多么无知和浅薄。他身上有着极其珍贵的东西——文学出版人的职业素养和文化人格，这是最具学习价值的！”

有读者读完后热情推荐给同仁：“每信必读，受益匪浅！读聂震宁先生给青年编辑的信，说的是出版，也是说做人，字里行间，都是专业的经验和人生的智慧，字字句句，温煦冲和，有情有料有营养，殊为难得！特此荐读！”

当然，更多出版单位的社长、总编辑读完后都特意推荐给社里的年轻编辑，许多出版单位还直接将其作为新编辑的入职教材。

读者反响之热烈，以上仅择其一二。这样的反响无疑是对作品最高的褒奖、对栏目最大的肯定。

让人更为兴奋的是，《给青年编辑的十二封信》反响不止于此。

十二封信刊发尚未过半，就有多家出版单位致信、致电编辑部或编辑个人，表示想联系作者，商讨出书事宜。正在紧锣密鼓筹备成立70周年庆典书系的人民教育出版社编辑，更是以特别的敏感，捷足先登，在第一封信面世的时候就联系到作者聂震宁先生，锁定出版资源，也就造就了现在您手中拥有的这本书。

故事到这里就给您讲完了，但讲故事不仅仅是讲个故事，故事背后所体现的价值和启迪更值得关注。

通过这本书背后的故事，相信您一定会感受到聂震宁先生作为长期从事编辑工作的优秀出版工作者，身上所具有的那种如韬奋先生一样的职业精神和行业情怀，他把自己长期从事编辑工作的经验、体会，“掏心窝子”般毫无保留地总结、提炼给了青年编辑，在指导青年编辑编书的同时，也在指导他们做人。

此外，从十二封信刊发过程中读者的热烈反响也不难看出，尽管当下出版行业受互联网传播技术快速发展的挑战和冲击，一定程度上存在人才缺失和流失，但依然拥有一支不忘初心、肩负使命、上进好学的具有行业情怀和敬业精神的编辑出版队伍，他们代表着中国出版业的希望和未来。

我和聂震宁先生上世纪90年代初在广西相识，其后交往越来越多。近30年的友谊，震宁先生于我，可谓亦师亦友，无论他身处哪里、在什么岗位，对我个人和中国新闻出版传媒集团都多有支持和帮助。正因为如此，给作为业界大家的他的新书作序，自感分量不足，不敢轻允动笔。但最终考虑到十二封信均刊发于《中国新闻出版广电报》，以自身所处的职业身份和工作岗位，又似乎勉强能给自己找到一个可以为您讲讲个中故事的理由，所以也只好“恭敬不如从命”了。

最后想跟您说的是，为了契合这本书的内容和形式，思索再三，我就照葫芦画瓢，也采用了书信体形式给您写了这封《写给读者的信》，权当是您享受饕餮盛宴前的一杯开胃小酒吧。

是为序。

（中国新闻出版传媒集团党委书记、董事长）

2020年8月2日

目录

致青年编辑的
十二封信

第一封信

写给新入行的编辑

书同兄：

今天，我作为一个从业近40年的老编辑，要向你——一位刚刚迈入出版行业门槛的新编辑，表示欢迎和敬意！

不好意思！刚才在手机短信中对你的称呼由以往的“同学”改为“兄”，让你好一阵惊讶。看来，你还不知道，在传统文人中，称兄道弟有时是不分长幼的，甚至都不论性别。从今天起，咱们已经成为行业同仁，继续称你为“同学”显然不合适，称“兄”总归要好些。

不过，我要提醒你的是，在出版社的编辑岗位上，日后自然会有各种称你为“兄”的作者来信，你切不可以为从此可以与对方称兄道弟起来，交情到了什么地步还是要掂量掂量的。倘若对方是师长辈分的作者，作为年轻编辑的你，最好不要大大咧咧地回称对方为“兄”。在日常交往中，该称“师”还是要称“师”，该称“长”则要称“长”，要不就尊称“先生、方家”。编辑对作者总会有所帮助，为此人家敬你畏你客气你，我们却断然不可因此得意忘形，坏了规矩。20世纪30年代，同为新月派诗人的闻一多和陈梦家本是师承关系，闻一多写信客气地称“梦家兄”，不料陈梦家竟然忘乎所以，回信来了个“一多吾兄”，气得闻一多翻脸大骂，一度扬言绝交，成为坊间趣谈。

书同兄，不好意思，在你走上编辑岗位第一天，我就如此对你絮叨，是不是有点儿好为人师？没办法，谁让我做过你们的导师给你们上过课呢！尤其是你们许多同学由高中进大学，直到研究生毕业，从校门到校门，校园生活虽然丰富多彩，职场经历却基本空白。现在就让我这个“为人师者”忍不住再“好为人师”一下吧。

你还记得吗？那天你电话里告诉我，说出版社通知你，一旦学校发给报到证就可以去社里签署聘用协议，还催促你尽快上班。我追问你一句：“你想好了？”你满口回应：“想好了。”接着你告诉我，能进这家出版社很不容易，今年社里只拿出5个编辑岗位招收应届毕业的研究生，可投来的简历就有好几百，自己也就成了百里挑一啦。我问为什么有这么多人要来这家出版社，你笑了，说这家出版社经济效益比较好。“因为社里有了教辅出版，据说全年人均收入要比很多出版社都高。”你很是开心，大声地告诉我。当时我在电话那边沉默了。我觉得你虽然想好了要进入这家出版社，可是似乎还没有想好怎样来吃“出版”这碗饭。

我并不反感择业时重视日后的收入。尽管古人主张“读书不为稻粱谋”，可是，合适的收入总归是一个在市场经济环境里生活的普通人不可或缺的条件，求职谈薪酬是再正常不过的事。可是，如果你过于看重在出版社的收入，那么，我现在想告诉你一个“秘密”，那就是：做出版当编辑是发不了财的。我曾经不止一次跟新入行的编辑说，想发财挣大钱最好不要来做出版。10多年前，我曾经在一个出版论坛上说过这个“秘密”，听众都笑了。茶歇时，一位满头白发的香港老出版人端着咖啡走过来，对我说：“你讲得太好了！要是30年前听到你的话，我早就不做出版了。”我笑了，我说：“您老人家是有情怀的人，因此才坚持到现在，成了受人敬重的出版家。”

是的，要成为一名优秀的编辑和出版人，首先需要的是出版情怀。

什么是情怀？情怀是含有某种特殊感情的心境，情怀是一种发自内心的执着追求。一个人要在职业岗位上取得成功，往往需要具有与职业较高要求相称的情怀。领导干部要有人民情怀，军人要有家国情怀，教师要有教书育人的情怀，作家要有创作情怀，艺术家要有艺术情怀，运动员要有体育情怀。我们做出版的，就要有出版情怀。情怀既是职业成功的追求，也是一种乐在其中的精神向往。情怀是有情怀的人第一位的追求，至于在职业中还会获得其他什么回报，包括金钱的回报，在他们的心目中往往被放在其次。那么，什么是出版情怀呢？我以为，其基本点是喜爱好书，追求的是多出好书，而其最重要的精神向往就是有更多的人欢迎我们做的好书，而且这些好书能够在书架上一直留存下去。我们出版人，因为喜爱好书，所以投入精气神；因为投入精气神，所以有智慧灵感的闪现；因为拥有智慧灵感，所以能给作者和读者尽可能多的帮助。有了这样的情怀，我们才能善待各种作者；有了这样的情怀，我们才能孜孜不倦地学习和创新；有了这样的情怀，我们才能殚精竭虑，不辞日常工作的琐碎和辛劳；有了这样的情怀，我们才能宠辱不惊，直面来自各方面的挑战；有了这样的情怀，我们才能为自己做出来的一本又一本好书牵挂和欢喜，10年、20年、30年地一直努力下去，而且总是乐在其中。

一部出版史，感动后人的常常不只是历史上的那些好书，还有许多著名出版人的出版情怀。

你们在现代出版史的课堂上都会对商务印书馆主要创始人张元济肃然起敬，因为他在20世纪之初主持出版了大

张元济

量开启民智的优秀图书。可是要知道，张元济那是放弃了南洋公学代理总理的优渥待遇而加盟商务印书馆的。而当时的商务印书馆还只是一家毫无名气的以印刷会计簿册为主的弄堂工场。张元济并不满足于主持一所南洋公学，而是希望能出版更多的好书，培养更多的人才，这才应邀前往主持商务印书馆编译所。"昌明教育，开启民智"，这就是张元济的出版情怀。

你们在现代出版史的课堂上还会向生活·读书·新知三联书店的主要创始人邹韬奋致敬，因为他为民族为人民出版了大量爱国进步书刊。他的奋斗精神尤为感人。邹韬奋接任《生活》周刊主编时才31岁，当时编辑部只有两个半工作人员，整期文章几乎都由邹韬奋包办。他用不同的笔名，撰写各种各样的文章，获得了读者们的喜爱。"九一八"事变后，邹韬奋以极大的爱国热情加入抗日救亡的行列中，与腐朽黑暗势力做坚决斗争。他先后主办的几种刊物都成为当时全国

邹韬奋

发行量最大的周刊。他主持创办的生活书店在全国一度拥有56家分支店，为了保护自己的书店，他一直在与反动黑暗势力做斗争，直至病倒。在病榻上，他还写下5万多字的回忆录《患难余生》，其中写道："倘能重获健康，……如时局好转，首先恢复书店，继办图书馆与日报，愿始终为进步文化事业努力，再与诸同志继续奋斗二三十年！"竭诚为读者服务，这就是邹韬奋的出版情怀。

你们也都知道著名编辑周振甫对大学者钱钟书的帮助，倘若没有良好的出版情怀，同样饱读诗书的周振甫怎么能够毫无保留地去帮助钱钟书给著作编目录、订正错讹、查证索引？

你们还津津乐道于长篇小说《林海雪原》问世的故事。这故事最重要的关键点是当时刚入职的青年编辑龙世辉全力帮助作者曲波成功改写书稿的无私精神。这样的事情没有足够的情怀能够做好吗？

在美国出版史上，麦克斯·珀金斯是一位具有传奇色彩的编辑，他发现了菲茨杰拉德、海明威、沃尔夫等多位伟大的文学天才，被菲茨杰拉德称为“我们共同的父亲”。请问，如果没有深深的情怀，他能在编辑工作中给作者带来“父亲”一样的感觉吗？

书同兄，我相信你是一位有情怀的新编辑，跟你说那么多别人的故事，无非是希望情怀在你即将开始的职业生涯中占据更重要的位置，希望你有一个更好的开始和未来。做出版，第一位的是要有出版情怀。让我们共勉吧！

此致

敬礼！

聂震宁

2019年7月6日

第二封信

认识你的出版社

书同兄：

早上好！昨天傍晚从西安飞抵北京首都机场，上汽车驶离T3航站楼，暴雨骤然而至，京城暑热终于有所消退。遂想起刚刚离开的在西安举行的第29届全国图书交易博览会，展场外热气腾腾，展场内也是热火朝天，都无比够热——一为暑热，一为书热。虽然暑热几近难耐，可是来自全国各地的书业同仁们和西安的读者朋友们却都络绎不绝聚集于展场，真是暑热挡不住书热！

今晨听说西安城也迎来了降雨，暑热退去，谢天谢地！你和你的同事们还在坚守展场，想必这会儿心情舒畅怡然许多了吧？

这次书博会上偶遇，我很觉意外。你刚入职，根据我的经验，这时应当是在校对岗位上，做上几个月的校对，

作者在第29届全国图书交易博览会现场

业务考查合格后，才能回到编辑室做些杂务，熟悉室内规矩，读懂室主任的表情，摸清一众老编辑的脾性，然后听从室主任的安排，做一些书稿的初审，哪里有这么好的运气，就能去外地参加全国性图书展会！看来你们社长为人开明，思路开通，眼光远大。

虽然上述那些过程作为编辑上岗前的培训不可缺少，可是社长让你们几个新编辑先到书博会上感受书业氛围，近距离接触读者，这也是培训，是让你们站到稍高层次上来认识自己进入的行业，理解自己职业的价值。在价值多元的当下，这样的培训太有必要了！昨天我走到书博会展场A馆少儿阅读节区域，看到那么多孩子和他们的父母手上拎着刚刚买下的书，大包小包的，摩肩接踵，如过节一般喜气洋洋，我一时间被震撼了。多么好的读者，多么好的书业！哪怕只是为了眼前震撼心灵的一幕，我们出版人再多辛劳再多付出也是值得的。

在展场上，我问到你们出版社的参展情况，你的神情似乎有一点儿不够振奋。你说看到一些出版集团的展位和一些省（自治区、直辖市）展团的装饰很大气，显然下了大本钱，相形之下，自己的出版社好像不够提气。我理解你的心情和感觉。一年一度的全国书博会，有点儿像是过年，正常情形下家家都应当有点儿喜庆的样子。其实，大户人家有大户人家过年的排场，普通人家有普通人家的模样，无须比附。大集团、大展团气宇轩昂，体现整体形象，撑起书业的大厦，理所应当；单体社有单体社的特点，既不必硬撑着搞排场，也不要无所作为，就此放弃。书业无限，大小由之，各美其美，美美与共，这才是书业应有的生态。

我去看了贵社的展位，作为一个中型规模的单体出版社，可以说展位面积适中，装饰自有特色，重要的是新出好书不少。出版社举办的几个荐书活动很有些创意，让慕名而来的读者很是欢喜。这是我对贵社的一点印象，不知道你的感觉如何？新入职的你一定要正确认识你的出版社，这是入职的必要一步。

你跟我说有几位同学去的出版社比起你们社还要小很

多，我从你的神情里读出了一点侥幸、一点无奈。其实完全不必侥幸，也不必无奈。做出版，大社有大社的雄伟，小社有小社的瑰丽，不好以大小论英雄。实际上，有些作者还挺愿意选择跟小社合作，因为小社能提供一些大社所没有的好处。最明显的好处就是小社对于每一本书都有更专注的态度，能够集中精力投入做好每一本书。而大社有大社的难，一年几千种新书，几个社领导哪里照顾得过来！小社一年只有百十种新书，社领导当然要好好照顾每一本书，毕竟小社允许失误的空间不大，生产经营上总要更认真才行。还有，他们在小社做编辑，学习的机会还比较多呢。他们不仅要做好编辑案头业务，还有比较多的策划选题组稿的机会，有时还要参与营销活动，个人成长的机会当然就更多了。我当年在一家只有几十个人的地方小社当编辑，一干10年，什么古今中外，什么编印发供，什么成本核算，大体弄懂了一大半，后来有机会到大社做社长，也就对出版的各个环节都有了一些发言权。

认识你的出版社，除了认识出版社的经营特点，还要认识、理解一个出版社的有所为、有所不为。这么说吧，我们既不能在商务印书馆大声疾呼要大规模开发长篇小说选题，也没有理由在人民文学出版社提出打造“辞书王国”；既不能在中华书局里喧哗要直追国际人文学术前沿，也不能在上海译文出版社、译林出版社那里发誓要发掘中华传统文化瑰宝。诚然，出版社原有专业分工已经打破，除了某些特许出版业务需要具备资质外，在原先传统优势专业之外开辟“蓝海”，寻求新的突破，早已成为一些出版社创新发展的战略选择。不过，既然是一种战略性行为，就应当按照战略决策应有的程序进行，社长、总编辑都必须如此，更何况初来乍到的新人？作为新入社的编辑，还是要先认识自己出版社的优长，然后好好琢磨自己如何融入进去，接着争取有所作为。至于突发灵感另辟蹊径之类，其勇可嘉，可还是以待来日吧。

认识你的出版社，还有许多事情要做，其中认识社里的优良传统尤为重要。怎么去认识一个出版社的优良传统呢？首先可以从出版社的办社宗旨和某些目标的设定上来认识。商务印书馆的张元济在主政时期就确立了“昌明教育，开启民智”的抱负，现在商务印书馆又有“辞书王国”之称。中华书局在创立之初，创办人陆费逵曾经有过“教育宗旨，以养成‘人’”的宗旨，现在他们的口号则是“百年再出发”。人民文学出版社冯雪峰在建社之初确立过“古今中外，提高为主”的思路，新世纪又有“新中国文学出版事业从这里开始”的宣示。生活·读书·新知三联书店一直秉承邹韬奋的“竭诚为读者服务”的精神，新世纪又有“人文精神，思想

陆费逵

冯雪峰

智慧”的追求。中国大百科全书出版社的社赋《百科铭》有警句“传世之作也，百年之业也”。人民教育出版社有“敬业、严谨、团结、创新”的社训。中信出版社这些年发展得比较快，他们的宗旨是“中国看世界，把时间变成历史”。广西师范大学出版社前不久在深圳办精品书展，亮出了一个颇有意义的理念，即“用更好的书，成就更好的人”。如此等等，不一而足。如果你是这些出版社的新员工，难道不会顿时有向往、有激情、有融入的冲动吗？

自然，作为新入职的编辑，认识你的出版社，认识出版社的优良传统，不能止于一两句口号，事实上还有很多内容需要去认识。认识社史，认识荣誉，认识本版书目结构，认识规章制度，都是必备的功课。还有一个很重要，那就是认识人——认识同事是自然的，这个可以慢慢来，可是认识老前辈却是一件大事。

20多年前，人民文学出版社有一位新编辑，刚来社里工作时，还不知道自己所喜爱的《博尔赫斯短篇小说集》的译者王央乐竟然就是社里早已退休的老编辑王寿彭，等到知道这事时，王老先生已经病倒了。新编辑几次请求一位老同事帮助联系，希望前去看望，反而被老同事问："你究竟为什么一定要见他？"问得新编辑有点儿尴尬，不知该如何作答。其实，这很正常。就像上个世纪八九十年代，刚进中华书局的新编辑往往希望见到周振甫，刚进生活·读书·新知三联书店的新编辑希望见到戴文葆，刚进人民文学出版社的新编辑希望见到秦兆阳、绿原等。很多新编辑往往希望能见到自己心仪已久的编辑名家，其中也许有好奇的成分，可更多还是对自己的出版社有更加感性的认识，对自己职业的自尊自重，对出版社优良传统的致敬。书同兄，你的出版社也有好几位卓有成就的名编辑呢，你认识他们了吗？

写长了，就此打住，下次再聊。

此祝

夏祺！

聂震宁

2019年7月29日凌晨

第三封信

向老编辑学习什么

书同兄：

真有意思！上封信写于在西安举办的全国图书交易博览会后，这封信竟然又写于一个书业盛会——第26届北京国际图书博览会之后，似乎咱们师生无会不信了（一笑）。本来这封信并不用急着写的，咱们已经约好9月初师生小聚，有话尽可以等到聚会时再说。可是，你知道，我这个人性情偏急，一旦有话要说，便如鲠在喉，不吐不快，恰逢今夜闲来无事，信笔直书，且作闲聊就是。

再次感谢你和你的同事小文，在展会上你们义务替我做了两场翻译。你们真是新一代编辑！青春气息洋溢，信息搜集快捷，可谓见多识广，英语流利，计算机操作熟练，小文还英语法语兼修。跟你们在一起，直让我越发觉出自己的老迈。

不晓得你注意到了没有，在北京国际图书博览会上，来来往往的人群中，大都是年轻面孔。随着出版业国际化程度提高，出版业从业人员年轻化趋势越发明显。这虽然是新陈代谢，规律使然，却也显示行业生机，事业保有希望。

不过，在展馆的那家咖啡馆闲聊时，你那位让我很佩服的同事小文有一个态度让我有一点不太放心，当然也不是多么严重的事情。你大概还记得，你说到贵社建立了“导师制”。每一名新员工在入职之初，都要配备一名有相当业务水平和工作经验的老员工做师傅，通过传、帮、带的方式帮助新员工快速成长。

你说社长在新员工拜师大会上讲了一番话，大意是学术出版的编辑水平直接决定了图书的品质，为此要加大力度培养优秀编辑出版人才，而培养优秀编辑出版人才离不开老编辑、老员工的传、帮、带。我说社长这话讲得好，出版业本来就有师带徒的传统做法，近些年来不怎么用了，贵社恢复这种做法是在行业中带了一个好头，而且，这也

人民教育出版社2019年新员工导师制培训拜师会

是社领导对你们新入职的编辑员工关心负责的表现。

小文笑了，她说她的师傅是一位老编审，是毕业于一所省属普通高校的硕士，从业快30年了，只是师傅不怎么爱说话。社里要求师傅带徒弟去展场看书，遇到跟外国同行交流，却完全靠小文做翻译，在外国出版社展区倒成了徒弟带师傅了。记得小文笑着说，看样子师傅貌似只会说“Nice to meet you”和“Good bye”两句英语。说到这里我们都笑了。当然，这是幽默，不过，我却一边笑一边有一点点不爽。小文是出自名校名师的硕士，才学自然不错，人又聪明，可是到了出版社，对如何跟编辑师傅学习，她似乎还不是太明白。

想必你还记得我给你们讲过新儒家代表人物之一徐复观年轻时的一则逸闻。20世纪40年代，徐复观当时在官场上很火，要拜新儒家大师熊十力为师。熊十力让他读王夫之的《读通鉴论》。徐复观说此书早已读过。熊十力不客气地说你并没有读懂，应该再读。徐复观只好再读，读罢去见熊十力，说发现书中有许多不足。

熊十力没等徐复观说完就斥骂起来，他骂徐复观：你这个东西，怎么会读得进书！任何书都有好的地方，也有坏的地方，你为何不先看好的地方，却专门去挑坏的？这样读书就是读了百部千部，你会受到书的什么益处？读书是要先看

徐复观著《中国艺术精神》（商务印书馆）

出它的好处，再批评它的坏处，这就像吃东西一样，经过消化而摄取了营养。你这样读书，真太没有出息！

徐复观被老师的这番怒喝唤醒，顿时明白了读书治学乃至做人的许多道理。多年后他回忆道：“这对于我是起死回生的一骂。”徐复观后来在学术上大有长进，与唐君毅、牟宗三等学者一道推动了儒学现代化研究，被称为继熊十力、梁漱溟等大师之后的新儒家代表人物。

那天咖啡馆闲聊，小文说到她师傅时的态度让我猛然想起徐复观这则逸闻。当然，事情远没有那么严重。小文那不过是闲聊时的一句幽默玩笑。不过，我这个好为人师的老师还是忍不住要多说两句。

识人与读书同理，最好都“先看出他的好处”。这不是圆滑世故，而是吸收营养的办法。其实，小文的编辑师傅我是听说过的，那可不是一位“貌似只会说‘Nice to meet you’

和‘Good bye’两句英语”的普通人。你们显然还不知道，她曾经为贵社争取到一个重要作者的版权立下过汗马功劳。那名作者是一位法国著名经济学家，20世纪80年代获得过诺贝尔经济学奖，他的书特别好卖，称得上是国际畅销书。

那时我国还没有加入《世界版权公约》，尚未对国外版权实行保护，于是好几家出版社出版了那位法国经济学家的专著，大卖过一阵，也不用征得版权方授权。据说，作者的版权代理人曾经来函索取报酬，也被置之不理。作者为此很生气。1992年7月30日我国正式加入《世界版权公约》后，有多家出版社开始正式求购那位经济学家的版权，通通遭到拒绝。据说，作者因为很生气，发誓“150年也不给中国版权”。其实中国的出版社原先也是按照当时的法律行事，无可厚非。不过，作者生气自然有他的道理，谁都无可奈何。

不承想，过了好多年，忽然传来消息，那位经济学家竟然改变主意，把中文版权授权给了贵社。这可是业内的一个传奇，不少同行打听贵社花了多少银子才拿下来的，可传出来的消息却是版权合作条件并不高。那么，贵社是怎么博得那位生气的大学者信任的呢？说来很简单，就是依靠年复一年的写信。写信者正是小文的师傅，一位不太爱说话的老编辑。她设法弄到作者的联系方式，就给他写了第一封信，只谈自己为什么喜欢他的著作。

她每隔3个月写一封信，她是用中文写信——是的，她的英文是不太好，但这并没有成为她不去努力的理由——然后找人翻译成英文和法文，两种文本的信都给作者发去，以示郑重。信的内容并不复杂，主要是对作者在经济学上所取得的成就表示佩服，热情地表达合作的愿望。如此这般，她做了4年半，一共写了18封信，结果还真有了回音。作者被感动了，于是贵社拿下了这个颇具价值的版权合作项目。此事在行业里一时传为佳话。

这就是小文那位“貌似只会说‘Nice to meet you’和‘Good bye’两句英语”的编辑师傅在国际版权贸易上的一个成功案例。不只如此，在业务上她还有不少作为。前两年，贵社牵头组建“一带一路”国际出版合作联盟，大力推动我国出版走出去，这个举措深得业内大咖们的点赞。据我所知，最早给社长提出这个建议的，还是小文的编辑师傅，这也算得上是神来之笔吧！如此说来，这位资深编辑是不是值得你们学习呢？

由此我想到一个问题，即我们的新编辑应当向老编辑学习什么？

其实，编辑出版业务上的一些知识并不深奥，编辑出版专业毕业的学生在学校基本上都学过，即使是别的专业的学生，进入出版社，也一学就会，当然不是什么难事。那么，新编辑究竟要向老编辑学什么呢？第一封信咱们讨论过出版情怀，是不是值得新编辑学习呢？第二封信咱们讨论过出版传统，在老编辑身上体现出来的各种好传统也是值得学习的吧？

倘若小文的编辑师傅没有出版情怀，没有继承良好的出版传统，怎么可能会做出那些锲而不舍的努力，怎么可能一事当前主动创新！何况老编辑们值得学习的还不止这两条。还有老编辑出版人的职业精神——为文化做贡献的精神，为出好书精益求精的精神，为读者竭诚服务的精神，是尤其值得学习的。

我国中医界有一句名言是“大医精诚”，指的是凡要做成一名“大医”，必定要“安神定志，无欲无求”“一心赴救”。咱们做出版的，要做成一名好的编辑出版人，显然也需要这种“精诚”的精神。不少老编辑为做好书正是“安神定志，无欲无求”“一心赴救”的，我们姑且就称之为“出版精诚”吧。这种“出版精诚”的职业精神自然是值得新编辑们学习的。不知道你以为然否？

此祝

安好！

聂震宁

2019年8月25日

第四封信

学会跟作者打交道

书同兄：

京城白天一直阴天多云，可是入夜后月亮还是照常升起，尽管云遮雾绕，毕竟是有月亮的中秋之夜了，这才觉得放心。此时月亮好起来了，于是心情大好！

下午电话里你说师傅今晚要带你去跟一些作者朋友喝茶赏月，想必此刻聚会意兴正浓。你的师傅真是有心之人！作者资源可是一个成功编辑最重要的资源，正如矿藏之于开矿、原料之于开工厂，乃是一个编辑的实力所在。记得在课堂上我跟你们说到过“作者是出版社的衣食父母”，有的同学哧哧发笑。其实此言不虚，这是人民文学出版社已故老社长韦君宜的名言，在人民文学出版社里被奉为真经，在业内也被当成圭臬。你的师傅愿意带你跟一些重要作者建立关系，这对你今后的编辑工作当然会有很大帮助。

韦君宜

拥有一批好作者，既是一个出版社的实力标志，也是一个编辑的能量所在。学会跟作者打交道，自然应当成为新编辑的一门必修课，但是这门必修课修起来并不容易。世界之大，无奇不有，作者之众，形形色色，如何才能合作好，当然来不得半点粗心大意。一般来说要具体情况具体对待，相机行事，另外还是要以不变应万变，恪守一些法则也是必须的。

首先想到的就是“诚”与“信”。

所谓“诚”，即以诚待人。编辑对作者尤其要以诚待之。作家夏衍称赞生活·读书·新知三联书店的创始人邹韬奋，说他之所以能够在不长的时间里主持出版了一大批优秀书刊，就是因为他用“精神和品德来团结作者”。商务印书馆的创始人张元济在这方面也是故事多多。民国时期中央大学校长罗家伦曾有10余部著译作品在商务印书馆出版，就是因为年轻时他在德国留学遭遇经济困难，幸亏张元济施以援手才得以完成学业。为表达感激之情，此后10多年间，他的著译作品便全数交由商务印书馆出版。

也许你看到这两个例子会犯嘀咕，认为出版社的掌门人可以有这样的大手笔，而一个小编辑又如何以诚待人？其实不然。前信说到小文的编辑师傅在4年半里连续发出18封信恳求一位重量级作者的合作，当然算得上是以诚待人的例证吧？今晚上你和师傅邀约一些作者品茶赏月，当然也是以诚相交的做法。

1990年初，我在一家地方出版社做编辑，受命负责一套大型知识丛书的编撰组织工作，计划要求年初一个月内在北京邀约到22个分册的主编，且必须是各学科的一流名家。我只能在京城东奔西走，一家一家前往拜访，简约陈述丛书编撰计划，邀请对方主持其中某一分册的编撰工作，态度既不敢太热情——怕吓到学者，以为我年少轻狂不可靠，也不能太平淡——怕引不起名家的兴趣，因为名家见多识广不容易被打动，总之是态度不卑不亢，必须诚恳。诚恳帮助我在不到20天的时间里就邀约到冰心、萧乾、叶至善、袁行霈、叶水夫、黄宗江等20多位名家并签下约稿协议。我那时候还只是边远省份的一个无名小编，这当中的经验无非一个“诚”字。编辑与作者的合作关系，或者

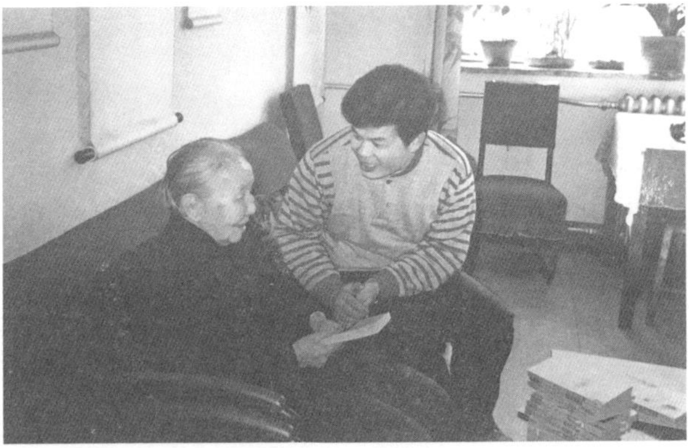

作者与冰心合影

是患难之交，或者是投桃报李，而更多的也许只是声气相通、君子之交。总之，以诚相交是论心不论形的，全在彼此的感觉。

说完“诚”就要说“信”，其实诚信是连在一起的。友无诚不交，人无信不立，编辑跟作者的合作更是无信不成。信誉是要见诸行动的。就说我1990年初在北京旋风式邀约22部书的名家主编吧。当时，我要求自己首先做到的就是守时。当时编辑异地出差组稿，只能乘坐地铁和公交车，可北京之大，要做到守时可不容易。那时的城市交通远不像现在这么便捷，只有打好提前量，早出门，勤跑路，一定要提前到达。不过，即便提前到达也不能提前敲门，因为提前叨扰也是不守时的表现。记得那时候我几乎是看着手表去敲门的，有好几回名家老师还当即夸奖我的守时。

我的守时也许决定了这套丛书每一分册均按时交稿，确保了后来按时出版。

我这些往事不过是鸡零狗碎的小细节，不足为训。一个编辑，能争取到作者的信任尤为重要。钱钟书两部最重要的专著《谈艺录》和《管锥编》的责任编辑都是大编辑家周振甫，个中是有缘由的。《谈艺录》是1948年出版的，当时年轻的责任编辑周振甫为编辑书稿倾注了大量心血。他一一核校原文，为每篇标立目次，对许多地方还提出意见，与作者商量修改。这种严谨认真的态度，使得钱钟书深受感动。30年后，钱钟书写出巨著《管锥编》，第一时间找到他最信任的中华书局老编辑周振甫。周振甫当然是不负信任，一如既往，严谨仔细地编辑书稿，付出了巨大的劳动，使得这部巨著更臻完美。钱周之交也成就了我国出版史上的佳话。书同兄，你在编辑岗位上，如果能让一位或几位优秀作者对你的工作产生强烈的信任感，交书稿时点你的牌，那可就是你事业走向成熟的标志啦。

与作者打交道，不仅要有诚信，还要讲“恒”和“专”。

所谓“恒”，就是长久、持久的意思。如同人生的发展不能指望一蹴而就一样，做编辑工作，跟作者打交道，很重要的是要有恒心。1973年隆冬时节，人民文学出版社青年编辑何启治读到青年作家陈忠实在地方刊物上刚刚发表

陈忠实和何启治（右）

的短篇小说处女作，认为这位作者基础不错，于是到西安出差时辗转找到他，建议他给人民文学出版社写长篇小说。两人素昧平生，站在寒风凛冽的西安小寨街头热烈交谈，从此他们成了文学朋友。后来近20年里，每次通信，每次相遇，何启治总要叮嘱陈忠实："什么时候写了长篇小说，先给我们。"这才有了20年后长篇小说《白鹿原》扎根人民文学出版社。我曾经跟何启治说，你这可是放长线钓大鱼啊。何启治坦诚地回应道，有时候也有短线钓到大鱼的，可是很多作家是需要用耐心和恒心去等待的。

是的，编辑组稿，需要短线、中线、长线一起来钓鱼才行。短线组稿时需要眼明手快、捷足先登，可此类好事往往不多。中线组稿需要有时间进度的谋划，一些三五年之约，随时盯住不让断线。至于长线组稿，决不可轻视，正如《白鹿原》之约，一约廿年，一鸣惊人。总之，无论短线、中线、长线，每一位编辑都要用恒心去做。所谓恒心，就是跟作者的合作一定要有长线意识，一定不要催稿子时热情满怀，以后暂时没稿子了就形同陌路。一个优秀的编辑应当努力保持好与许多作者的友谊长线，切不可犯了社会上流行的势利病。

最后来说“专”——编辑专业水准。一个编辑无论诚信如何、恒心如何，还是不能缺了“专”，这可是一个好编辑最重要的立足点。张元济如果没有慧眼辨识罗家伦的才华，那么，那慷慨借款的行为只不过是一番古道热肠而与编辑工作无关。邹韬奋如果没有“根本还是在内容”的理念，怎么可能团结到那么多杰出的作者？周振甫如果没有为钱钟书的两部重要学术专著做好那么多编订工作，怎么可能获得这位大学者“良朋嘉惠”的感激之语？何启治如果没有认准了作家陈忠实的生活积累和创作素养，怎么可能制造出《白鹿原》的出版佳话？

在出版史上，叶圣陶偶然的机会发现并发表巴金、丁玲等人的小说处女作，巴金偶然的机会发现并推动曹禺处女作《雷雨》的发表，这些早已传为美谈。上个世纪50年代，人民文学出版社青年编辑龙世辉在自然来稿中发现了

叶圣陶（左）和巴金

曲波的小说《林海雪原》初稿，除了指导作者进行修改之外，自己又经过3个多月废寝忘食的改写和编辑，在得到作者曲波完全同意之后，才完成《林海雪原》定稿付印出版，一时名满天下。还有，在第一封信中我提到过美国大编辑家珀金斯帮助海明威、菲茨杰拉德、沃尔夫等一批著名作家反复打磨作品，赞美过他的出版情怀，其实，他的“专”也是何等了得！倘没有一流的专业水准，没准儿他那一腔情怀会把一些作家带到沟里去呢。

书同兄，记住“诚、信、恒、专”，开启你与作者合作的编辑之旅吧！祝你成功！

聂震宁

2019年中秋之夜

第五封信

正确认识社会效益

书同兄：

秋天是收获的季节。可是，在出版业内，人们不仅要忙于收获——社长们开始盘点一年的业绩，还要忙于耕耘和播种——不少出版社进行员工培训，同时几乎所有出版社都要启动下一年度的选题工作，培训像是耕耘，选题就是播种。

贵社全体员工到北京郊区的培训中心闭门开会，既培训业务又讨论选题，力度很大啊。京郊正是秋风送爽、层林尽染、瓜甜果美的时候，员工们刚忙过一春一夏，终于能放松几日，吐纳清新空气，开展头脑风暴，想必热闹，想必开心。你在朋友圈里发了一组九宫格照片，说是京郊培训写真，称得上亦庄亦谐，趣味盎然。好！

你电话里说社长给员工培训上了第一课，讲的是正确处理社会效益和经济效益的关系，强调全社编辑出版工作都要把社会效益放在第一位，努力实现两个效益的有机统一。你听老编辑们说，社长年年培训都把两个效益作为第一课的内容，不过今年的态度好像较之以往要严肃得多。讲两个效益，这当然是务本之道了。至于说态度严肃，我理解他这是要取法乎上，响鼓还得用重槌，希望引起大家足够的重视。

虽然贵社这些年风调雨顺，几大奖都榜上有名，还获了多项科学文化专业上的大奖，一直有品种进入开卷畅销书榜单的前十名，经济效益连年递增，被评为全国先进出版单位，可作为一社之长，作为出版社的年度培训，还是要居高望远、居安思危的。社长说得对，无论哪个编辑室，在社会效益上出了问题，哪怕只有一本书在内容上出了严重政治导向问题、影响恶劣的，年度业绩就一票否决。这种坚决的态度是非常必要的。

设身处地想一想，社长不容易啊！一个出版社一年出版新书近千种，内容五花八门，他又不可能每一本书都亲自审校，不把话说得重一点，不引起所有人的重视，在社会效益上又如何能确保不出大问题呢？

关于社会效益，也是我在做社长、做总裁的时候说得最多的话题，没有之一。我原先发表过的一个意见也受到业内同仁们的赞同。我的意见是，说是社会效益第一，可是过去在管理上只是把它作为一种比较笼统的要求提出来，并不像经济效益管理的要求那么明确，有一些可供对比和操作的指标。现在，全国出版业终于有了关于图书出版的社会效益考核评价办法。贵社作为全国先进出版单位，当然要带头严格执行了。在考评办法中，对出版质量的考评占到一半权重，凸显了“图书质量是生命线”这一出版理念。“出版质量”中的“内容质量”被明确为出版底线，凡是出版物内容出现严重政治导向问题、影响恶劣的，社会效益考核即为不合格，当然就是一票否决了。

可是，社会效益考评办法关于图书质量管理并不止于政治导向问题，对于编校印装质量问题也有很严格的管理办法。这一点让许多老出版人感到特别欣慰。图书编校印装质量问题也是行业大患。多年来，业内人士对所谓“无错不成书”的现象都很着急，广大读者尤其是知识界人士很有意见，行政主管部门也出台过各种管理办法，可总觉得治理效果不够明显，编校印装质量低劣的图书还是登堂入室，有的出版社还用来申报大奖。现在有了这个考评办法，对这些问题有了一套处罚规定，据说效果开始显现。在如此情势之下，你们社长本来就很重视社会效益，现在当然要越发重视起来了。

说出来不怕你笑话，我做出版近40年，有两件事最能让我血脉偾张，一件是好书得到权威好评并且大卖，还有一件就是自己编辑的图书出现质量问题。前者让我大喜，后者让我大悲，都是导致血流加快、心情难以平静的事情。而且，随着从业时间长了，好书有好评并且大卖，渐渐地也不是那么让人激动了——高兴自然还是高兴的，可是自己编辑的图书一旦出现质量问题就越来越难以忍受。有时只不过是个别差错，全书并没有突破万分之一的差错率标准，可精神上还是很受刺激，心里会难受很长时间，有的几乎到终生难忘的地步。

图书是一种非常特殊的产品。“白纸黑字，有书为证”“白纸黑字，铁证如山”，这些古训很能说明图书在人们生活中的重要地位。其他物质产品出现了次品可以通过更换解决问题，可是图书出现了内容差错、编校错误等方面的质量问题，基本上是无法更换的。因为一旦把内容“广而告之”，散发出去，其负面影响是难以收回的。

更重要的是，一般物质产品如果出现残次品，通常只是影响到个别购买者，不大可能影响到全社会，可是如果一本内容搞乱世道人心的坏书大行其道，或者一本错字连篇的烂书谬种流传，将会给全社会造成难以估量的危害。从这个方面来看，咱们一旦进入出版这个行业，也就意味着时时要对社会负起责任来，要把社会效益当成第一位的要求来认真对待。

当然，我同意你在电话里特别强调的一个看法：不能说到社会效益就一味只谈坏书、烂书这些负面问题，不能只谈犯不犯错误的问题，这只是一种底线思维，底线当然不能突破，可出版社还要有所作为，要在文化上有贡献，在专业上有成就，在社会上有亮点，在产品结构和专业特色上有好的评价。你有这样的认识我很高兴。现在施行的社会效益考评办法对这些内容已经有了一些规定。总之，我们的编辑在社会效益问题上还是要有抱负、有作为，要在社会效益上努力做出贡献，在内容上有创新，在经营上有创意，要争取经济效益大有收获，两个效益的有机统一才可能真正实现。

书同兄，对于社会效益第一和两个效益有机统一的问题，我们做出版的一定要有自觉态度。你说有的同学进入经济领域的企业工作，笑称他们那里说效益就是指经济效益，可没什么社会效益的事。那可能是他们还不全面了解自己企业的管理内容。现在社会上对企业的评价也包含了社会效益情况，只不过主要是评价企业的社会责任，而不像我们出版业是要评价产品的社会责任那么直接。

事实上，如同前面说到的，这是由我们出版业的特殊性所决定的，出版业的社会责任原本就是这么大的。先不说古人称“经国之大业，不朽之盛事”，也暂不说古人“为天地立心，为生民立命，为往圣继绝学，为万世开太平”的抱负，就说距离我们并不远的邹韬奋先生吧。他发表的一篇重要文章《事业性和商业性的问题》，在大学你们是认真学过的。这篇文章从理论上分析了出版业的事业性和商业性双重属性，主张要实现事业性和商业性的统一。很多专家认为，在现代出版史上，邹韬奋是第一个指出出版业双重属性的，也就是我们后来所说的文化属性和经济属性，表现为社会效益和经济效益。

邹韬奋主张要用事业性统领商业性，不能为了商业性而把它与事业性割裂开来，更不能让事业性受到损害。他创办生活书店，明确提出坚持出好书，不出坏书，对于有

邹韬奋先生著作

害无益的书刊，不但自己不出版，别的出版社出版了，生活书店也要拒绝出售；对于那些于社会特别有用的书，即使可能不赚钱，也要坚持出版，书店要重点推销。生活书店所处的环境基本上是一个商业环境，经营生存的压力很大。那时候并没有上级领导这么要求他们，也没有社会效益考评办法要施行，那完全是一个具有社会责任感和使命感的进步出版家的自觉追求。这难道不应该引起我们的深思吗？

请原谅，写多了，而且说得有点儿严肃，就算是一个老出版人的反省和内心独白吧。说得不对的，有机会咱们可以讨论。

顺颂

秋祺！

聂震宁

2019年9月23日，时值秋分

第六封信

谈谈怎样做选题

书同兄：

国庆长假寒舍茶叙，不觉又有数日。那天闲聊，发现你比较急切地要讨教做选题的要诀，甚而至于——恕我开个玩笑——讨教的似乎不啻是要诀，差不多是秘诀，甚至是能一剑封喉的武功秘笈。

其实，出版业哪里有什么秘笈、秘诀呢？你想，100多年前，张元济主政商务印书馆时，我国现代出版业还处在滥觞时期，他哪里有什么出版选题的要诀呢？张元济只有“昌明教育，开启民智”的抱负，社会需要什么他就去做什么，于是就有了睁眼看世界的《世界文库》，有了我国第一部白话文的《新字典》。

1911年辛亥革命爆发，1912年开年，陆费逵就带领中华书局出版“中华教科书”，那时候他一心追求的是弘扬共

《新字典》（商务印书馆）

和思想。1937年全民族抗战开始，1938年邹韬奋带领生活书店出版《抗战读本》《战时读本》，那时候他只有全力为了抗战和竭诚为读者服务的情怀。其实，做出版和文学创作一样，最重要的秘诀就是“言为心声，文如其人”，是出版人和作家的识见和襟怀。

我当然还是要赞赏你对做选题的重视态度。做选题是出版一本书最先要做的一件事情，是出版社最基础的重要工作，选题计划甚至有可能决定着出版社未来的发展走向。你甫一进社就想弄懂这件事情，还处在试用期就想到要学会做选题，显得有追求、有担当，值得点赞。

只是我不喜欢你说以后要成为一个“策划编辑”，同时也不太喜欢用“策划选题”这个说法，尽管这种说法其实很普遍。大约20世纪90年代，“策划”一词在出版业内出现，我也比较早地在漓江出版社成立了策划部。后来看到这个语词太过时髦，许多人张口闭口就是策划，我渐渐有了反感。

语词的泛化会造成意义的叛逃，语词的滥用会造成审美的疲劳。为此我发表过一篇随笔《策划与泛策划》，批评出版业策划成分太重，使得内容生产受到轻视的现象。当时出版业内流行过一个说法，所谓“一流编辑善策划，二流编辑善组稿，三流编辑只会编稿”。我很不以为然，曾经在论坛上和撰文时对此反诘过。我说：“如果这个说法成立，那么，请问，钱钟书《谈艺录》《管锥编》的责任编辑周振甫既不善组稿，更不善策划，只是对书稿做了大量编辑工作，算得上几流编辑呢？”

我的看法是，策划、组稿、编稿工作不分高下，都是一部好书出版过程中的重要环节，能在这些环节中发挥出一流水平的就是一流编辑；出版社可以有策划、组稿、编稿各环节平蹚的一流编辑，也可以有在某个环节上表现出色的一流编辑。

书同兄，你想想，钱钟书这种一流学者做著述并不需要咱们去搞什么策划、组稿，他更需要学问精深、做事周到的编辑来帮助把关、订正、梳理。其实，一流的作者最欢迎像周振甫这样的能帮助他处理书稿疏漏的编辑。正出于这种种认知，我不赞成你把自己的职业目标定位在“策划编辑”上。

然而，选题还是要好好去做的。

我喜欢用“做选题”的说法来替代“策划选题”一词。因为，前面说过了，有些选题不是咱们出版社的编辑策划得了的。也许“做选题”的含义要宽泛一些，更务实一些。

图书编辑做选题，最常见的是到作者中去做。

到作者中去做选题，首先要有耐心和毅力。一般情况下，比较成熟的作者写什么、怎么写，自然有他自己的一番冲动、构思、折腾，往往并不需要编辑去饶舌。我们做编辑的只要耐心地保持着与他们的联系，让他们感觉得到有一个忠诚的编辑在等待就好。人民文学出版社资深编辑何启治就是等了近20年，才等来了陈忠实的长篇小说《白鹿原》。生活·读书·新知三联书店原总经理董秀玉向杨绛先生约稿后，也是等了6年才等来了长篇散文《我们仨》。

当然，也有作者是需要编辑帮助的，编辑不能缺位。评上2017年度“中国好书”的《梦与真——许渊冲自述》，是年逾94岁的翻译家许渊冲给河南文艺出版社撰写的一部自述。尽管其中有文化名家为出版社和作者之间搭建了组稿的桥梁，可年轻的编辑不敢掉以轻心，抓紧上网查阅、学习许渊冲的资料，买了老人家的很多著译来拜读，很快与大翻译

董秀玉

家建立起了通畅交流的关系，好像还很得老人家的喜欢。

老人撰写回忆录，最容易出现偏差和模糊，书中提及的大量人名、地名、机构名、时间、职务、书名、文章名等，编辑都跟在后面一一去做核实、订正工作。可以说，94岁的老人能在两年多时间里写下20多万字的回忆录，没有责任编辑的协助是难以想象的。

更难以想象的是，二十一世纪出版社集团出版的《一百个孩子的中国梦》，是第十四届精神文明建设“五个一工程”获奖作品，全书50万字，据说作家董宏猷只花了半年多时间写就。可事实上是出版社派出的编辑小团队为作家提供了许多配合，查资料、搜信息、补充采风素材，以至于作家本人都感叹如果没有这支编辑的“梦之队”，半年多能写出那么多文字是不可想象的。

到作者中去做选题，还要注意，这常常是广种薄收的

《一百个孩子的中国梦》(二十一世纪出版社)

过程。从写作的规律看，杰作总是少数。即便如此，我们还是要广泛联系作者。试想，倘若没有广泛的播种，又如何能收获那些少数杰作呢？法国著名的伽利玛出版社号称他们合作的作者已经构成了法国文学的半壁江山：著名作家普鲁斯特、纪德、萨特、加缪等人都是他们的作者。法国人得了14次诺贝尔文学奖，其中6次是伽利玛出版社的作者，此外，他们的作者还获得过数十种法国文学大奖。

然而，你不会想到，这个社的掌门人加斯东·伽利玛却认为他最重要的经验是要告诫新来的同事："我们的职业最重要的是要知道如何退稿。"这就是说，为了提高出版社的出版水平，编辑一定要学会退稿。够狠心了吧？记得有作家说过："如何把文章写好？很简单，去掉不好的。"做出版跟写文章总是一个道理。为此，我们到作者中去做选题，一要热情联络，二要耐心等待，三要慧眼识宝，四要当退则退。热情与理性，缺一不可。

图书编辑做选题，最直接的做法就是根据社会需求来组织选题。

前面说到张元济、陆费逵、邹韬奋等中华民族文化先贤是这么做的，现在很多出版社也是这么做的。新世界出版社出版的《中国共产党为什么能》，就是编辑敏锐发现要在当前形势下有针对性地回答国际社会的“中国共产党为什么能领导中国取得伟大成就”这一世纪之问组织出版的。《中华文明的核心价值》则是生活·读书·新知三联书店根据践行社会主义核心价值观的需要组织出版的。北京大学出版社的“‘一带一路’协同发展研究丛书”和长江少年儿童出版社的《“一带一路”青少年普及读本》显然都是根据国家发展大局需要设计出来的选题。

还有，化学工业出版社的《控制工程手册》获得中国出版政府奖，这个选题是两位编辑通过调研、走访，发现用户的广泛需求，然后邀约著名院士带领编写小组合作而成的。电子工业出版社的《安全简史》被评为2017年度“中国好书”，也是编辑针对信息技术的快速发展和应用，以及国内外信息安全事件频发的现象，邀约一流专家作者撰写而成的。

书同兄，图书编辑做选题，自然还有许多做法可资借鉴，明天就要上班了，这会儿就不一一去讲了。我以为最重要的还是上面提到的两种做法，一是到作者中去，二是根据社会需求。前者是服务于作者，后者是服务于读者，不用说，这是我们出版工作的两个基本点。当然，还有一点也不能忘记，那就是出版社已经形成的内容特色、经营特点和社会认知度，这是编辑们做新选题时不能不认真考量的又一个基本点。作为一名新编辑，你可千万要记住这一点，最好不要弄出下车伊始哇啦哇啦的尴尬来，对吧？

专此。顺颂

文祺！

聂震宁

2019年10月7日夜

第七封信

怎样才能写好审读报告

书同兄：

今天在韬奋基金会的编辑培训班讲课，课后有几位年轻编辑围拢上来交流，当时有一位高个子说现在对审读报告的要求越来越严，希望我以后能给大家讲讲审读报告的写作。我正有得一同道的愉悦——我从来就喜欢热爱写作的年轻人，这你是晓得的——不料，他身旁的一位小个子同伴却露出不以为然的神情，咕咕哝哝说了一连串的话，好像大意是审读报告有什么好讲的，弄不到好书稿的话什么都是浮云。于是几个年轻人都笑了。接着小个子对我说："老师下次还是多讲讲组稿案例吧，这个管用，也好听。"几个年轻人立即随声附和。

我笑了，当然不是附和小个子。我愿意笑脸讲真理。我讲组稿当然很重要，可审读加工也很重要。如果把出版一部书譬喻成一份菜肴的制作，那么，组稿相当于食材采购，这是基础环节，审读加工则是烹饪过程，这是关键环节，一个也不能少。“再好的食材也经不起蹩脚厨师的瞎折腾，不合格产品硬是会气得读者作呕，作者吐血。”大家都笑了。我跟年轻的同仁们笑着轻松作别。

书同兄，其实，当时我的心情并不轻松，现在给你写信也是因为心中有郁闷需要疏解。我们都知道，书稿三审都要写审读报告，特别是初审报告要求相对全面详尽，这是出版操作规程的明确要求，不是可有可无的事情，怎么在那位小个子编辑眼里竟成了浮云，让我有点儿惊讶，有点儿郁闷。

审读书稿乃是一个责任编辑的第一要务。书稿可以不是你组来的，可是你担任责任编辑就要做出审读评价，进行编辑加工，还要把你的评价和编辑加工情况如实记录下来，既要让此后的二审、三审编辑了解并予以确认，也要让这份报告成为一部著作生产过程的档案。这是责任编辑的本分，是职责与光荣之所在，小个子朋友怎么能不以为然呢？怎么就成了浮云呢？

不知道书同兄进入出版社后，这段时间是忙于学习组稿呢，还是忙于学习审读？恕我揣测也容我直言，从你比较着急做选题的心情，可以看得出大约还是更关注组稿吧。关注组稿是不错的，不过，作为一种入职的策略，我倒是建议你先把审读报告写好为妙。何故有此建议呢？你想，刚入职就要去组到一部乃至几部高品位、有特点的书稿，恐怕并不现实，就凭你现有的作者资源，成功也是一个小概率事件。那么，新入职的编辑要获得同事们认可的大概率在哪儿呢？那就是审读书稿、评价书稿、加工书稿，直至写好审读报告。

只要你保持认真负责的态度，又具有一定的学科专业基础，还能勤翻书，勤查资料，不辞辛苦，写出一份具有一定水准的审读报告还是不难的吧？这样一来，社里的资深编辑组来的书稿交到你手上，你能做出正确、周延的分析评价，再做上一番编辑加工，那是一种什么情况？那些平时都不怎么正眼看你们这些菜鸟编辑的大腕们不对你刮目相看都不行。

一说到编辑，我往往会想起中华书局的周振甫。周振甫可是为《管锥编》的编辑工作很认真地写过翔实的审读报告的。他接到《管锥编》书稿一个多月后，在1977年10月24日撰写了题为《建议接受出版钱钟书先生的〈管锥编〉》的审读报告。

那份报告称得上是审读报告的范文。报告开头很平实地说明了书稿的由来，然后对作者的学术成就及其在国内外学术界的地位加以简明扼要的介绍，尽管中华书局各级负责人对钱钟书都不陌生，可周振甫照章行事，一点也不马虎，因为这是审读报告不可缺少的内容。接着报告对书稿内容、规模以及体例结构做了全面介绍，对书稿中的许多重要观点、论证做出评价，对书稿创新价值做出判断，指出《管锥编》的写作“发前人所未发”。

最后周振甫对图书出版后的社会影响和社会效益做出预判（那时我国出版业还不曾讨论经济效益）：“这书如果出版，至少在英国和日本，会引起重视。”继而他提出具体处理意见：“我局有责任出版有学术价值的著作。是否可以接受出版，请批示。”意见明确，又礼貌得体。

这份审读报告自然立刻得到中华书局领导的接受。时隔一个多月，1977年12月1日，周振甫又拿出一份更加翔实的长达数万字的审读报告，这是他详细审读完《管锥编》

《管锥编》（中华书局）

周振甫在审稿

第一部分书稿后提出的具体评价和修改意见。报告足足用了30多页篇幅提出了书稿修改意见。修改意见送到了钱钟书手上，钱钟书高度重视，认真对待，逐一作了批注，大多数意见直接采纳，没有采纳的也予以说明。1979年8月，《管锥编》出版，钱钟书在序中深情写道："命笔之时，数请益于周君振甫，小叩辄发大鸣，实归不负虚往，良朋嘉惠，并志简端。"

书同兄，你知道，周振甫可不是一位只会编辑书稿的文字匠，他自己就是一位文史专家，个人著述颇丰，著有《毛主席诗词浅释》《鲁迅诗歌注》《诗词例话》《文章例话》《诗品释注》《古代战纪选》《谭嗣同文选注》《文论漫笔》，以及《文心雕龙》全译本等。特别是其中的《诗词例话》《文章例话》，一度是一印再印的常销书。可就是这样一位自己写作任务很重的学者，而且当时已年近70岁，他却能恪尽职守，字斟句酌地撰写了数万字的审读报告。

我不由得又想起前面提到的那位高个子年轻编辑，他想请教怎样写好审读报告。那么，我应当告诉他，一个编辑要写好审读报告，离不开一定的学识、眼光和鉴赏、判断能力，这是必备基础，可是真正要写好，最重要的还是要学习周振甫先生，要有精益求精的态度和甘于奉献的敬业精神。

有了精益求精的态度和甘于奉献的敬业精神，责任编辑就会自觉承担起书稿审读的重要职责。对中国水利水电出版社《干旱半干旱牧区饲草料作物高效用水技术研究与实践》一书的书稿，编辑手写的修改记录竟然多达33页A4纸，作者被震撼得不知道说些什么才好。传统文人常常尊称那些为自己文章提出个别字词修改意见的人为“一字师”，那么，面对这样的审读加工报告，作者们又该怎样称呼我们敬业的编辑呢？

类似的情况可以说不胜枚举。北京大学出版社的编辑们在审读《十三经注疏校勘记》一书的书稿时，写下密密麻麻五号字一共82页A4纸的审稿记录，几乎成了又一部书。我曾经撰文评价此事，认为这些编辑为我们出版史留下了一部编辑审稿的“校勘记”。

有了求真务实的态度和甘于奉献的敬业精神，责任编辑也就不会因为面对的是高手作者而放松审读。中国人民大学出版社《大道之行——中国共产党与中国社会主义》一书的责任编辑没有因为5位作者都是学界青年才俊、文章高手就有丝毫的疏忽大意。他把书中引用的资料全部查对一遍，因为政治类型图书的严肃性要求特别注意引文准确性问题。不料，编辑还真查找出来一句错误引语，即“列宁曾说小农社会是一袋土豆，现代的市民社会并没有完全脱离这一劣根性，仍然是一盘散乱的鹅卵石”，经过核对确认是“马克思曾说”，而非“列宁曾说”。此外，改正书稿中某些错讹也是题中应有之意，无须赘述。

行笔至此，遂想起，漫长的出版史中，迄今为止似乎还没有哪一部称得上传世的著作是不需要编辑参与的。我们编辑出版人应当为此而自豪和骄傲，也应当为此而强烈地意识到自己的职责和使命。书同兄，认真写作好每一份审读报告吧，你的审读报告不一定有机会显赫一时，却能毫无愧色地留存在你自己和出版社的业务档案中，成为美好的回忆。

顺颂

秋祺！

聂震宁

2019年10月30日深夜

第八封信

不可轻视基本功

书同兄：

祝贺你以业务考核成绩优秀完成了在校对部3个月的实习！不过，有意思的是，刚才你在电话里说10多位新编辑中成绩排第一的竟然是一位学中文的学士，我注意到你说“竟然”。哈哈，什么叫“竟然”呢？听口气好像你觉得有点吃惊，因为你们好几位硕士甚至博士都没有排上第一名。

其实，这并不奇怪。你可知道，图书校对业务很多时候拼的是“童子功”，亦即汉语言文学专业的基本功。有人汉语言学得扎实，高中认真学完后就很了得，更不要说在大学本科学习时对古代汉语和现代汉语再做一番加固夯实，那样的话，此后对付绝大多数书稿大体是没有问题的。

有人虽然汉语言学得不够扎实，可在学问上有其他长处，譬如能过好外语关——不少同学考研就败在外语的鬼门关下，譬如对于研究方向的选择契合导师的需要，譬如在学术上的考据和义理做得好，读硕士、博士甚至做到博士后都畅通无阻，可是，在文字编辑和校对上却不一定能胜得过一个汉语言学得扎实的文学学士。要做一个好编辑，还得注意夯实基本功。

书同兄，你能在校对业务上考核优秀，这当然是一个很好的开始，这个很重要。你说有两位博士只在校对部里坐了不到半个月，就被安排去参加一套大型丛书的审读，免除了他们在校对部3个月的新编辑转岗锻炼程序。你们笑称这是“2019享受了1959特赦”。如果我没猜错，用的典故就是不久前播出的电视连续剧《特赦1959》吧？可说句实话，那两位博士同仁没有踏踏实实做好几个月的校对，其实是有点儿可惜的，这对他们今后要成为全面而优秀的编辑并不利。

这么说并不是危言耸听，总归有一番道理的。

记得早些年有一位在全国出版社青年编校大赛中获得一等奖的编辑，她在总结成功经验时说，她硕士毕业后进入出版社，被领导安排了比较多的校对任务，一开始也暗暗叫苦，可也只好耐心去做，几个月后，不曾想就养成了校对人员喜欢咬文嚼字的习惯，虽然后来不在校对部工作，却习惯用校对的方法编辑图书，以至于后来她多次在出版集团图书编校质量抽查中取得不错的成绩，直至在全国编校大赛中登顶。

有一位同样赢得过全国编校大赛桂冠的青年编辑，毕业于一流名校。让她介绍经验时，她说，大学7年的学习经历让自己学会了如何欣赏好书，而编辑工作的实践则练就了她编校的基本功，更重要的是，让她完成了从读者视角到编校视角的转换，现在她读一部书稿，既要关注书的内容，又要咬文嚼字，同时还要关注全书的宏观和微观结构。

我一直记得这些成功案例，因而对于韬奋基金会参与主办全国出版社青年编校大赛这件事情特别上心。前不久，2019年的编校大赛开赛，我和主办方一些负责人前往赛场观摩，看到来自中央和各省（自治区、直辖市）出版机构的数百位青年编辑校对人员，一个个青春气息洋溢，都在认真作答，有的在奋笔疾书，有的在凝神冥想，心里不禁漾过一阵阵感动的涟漪。

掌握好基本功，这几乎是所有行业所有岗位优秀从业者的普遍经验。出版业中各个岗位自然都有各自需要掌握的基本功。编辑、校对、装帧、印制、推广、销售、财务、管理等，无一不需要良好的专业水准，而良好的专业水准无一不需要练好基本功。

我国现代出版业群星灿烂，几乎每一位杰出出版家都

王云五

是基本功极好的出版人。我在大学课堂上曾经跟你们讲过著名出版家王云五，说他是商务印书馆历史上除开创者张元济、夏瑞芳之外最为举足轻重的人物，他在创新经营管理上贡献很大，使得这家著名出版机构在20世纪二三十年代步入发展的又一鼎盛时期。

其实，王云五在编辑实务上也有相当扎实的基本功。他后来戏称自己“家财‘四百万’”，即指他一生引以为傲的主要专业成就：“四”即指创立四角号码检字法，“百”即指编撰《百科全书》，“万”即指主编《万有文库》。能有如此大手笔的王云五，却不曾有过像样的学历，他实在是靠自学成才、勤学苦练成就了自己出版业绩的辉煌。

王云五年轻时曾在一家英文夜校当助教，晚上上班，白天则盘桓在上海同文馆读书，用3年时间读完英文版《大英百科全书》，还把家中的存书“二十四史”阅览过一遍，具有杂家的知识储备。这样的基本功无疑为他日后从事出版业、成就“四百万”奠定了良好的基础。

要练就扎实的基本功，需要勤学苦练，这是自不待言的，可是，还需要加上一个认真态度。我们都知道邹韬奋是一位伟大的爱国者，是一位竭诚为读者服务的著名出版家，是生活·读书·新知三联书店的主要创始人。20世纪二三十年代他主编的《生活》周刊和《大众生活》周刊名满天下，抗战时期他领导的生活书店56家分支店遍及大半个中国。

可是人们可能不太知道，邹韬奋说他在出版工作中有两件“最不能容忍的事情”，一是刊物脱期，二是刊物有错

生活
第六卷 第四十三期
小言论

《生活》周刊

《大众生活》创刊号

字。为此，当年他常常在印刷厂加班校改付印样，一熬就是一个通宵。我们编辑出版人要杜绝诸如此类“最不能容忍的事情”发生，看来首先要具备邹韬奋这样的认真态度。

人民出版社有一位在业内被称为“百万无一失、万万无一失”的“校对王”白以坦，当年他领衔主校的《毛泽东选集》至今也没有发现一个差错，他当年做校对时的认真态度还被他的晚辈同事铭记在心。

有一位后来也成为著名校对专家的同事说，当年在校对《毛泽东选集》第五卷时，白以坦带领他们校对小组下到印刷厂校订终校样。一天午休时间，他看见那时已有“校对王”之称的白以坦还在排字车间里低头看书，他手里拿的是校过多遍、做成“假书”的定稿，一个年轻校对在他旁边对着原稿一字一字、一个标点一个标点地诵读，“校对王”则低着头一点一点跟着校。这位同事感叹，“百万无一失”听起来很轻松，其实每个字都是磨出来的，别以为“校对王”有多神奇，其实就是不糊弄，靠的就是认真。

所谓基本功，最核心的还是态度。我们又不傻，只要态度认真了，不懂的就学，不明白的就查阅工具书，哪有“无错不成书”的道理！这些年全社会都在提倡工匠精神，我们出版业也不例外。要真正具有工匠精神，我看首要一条就是态度认真。前些年读过日本工匠大师秋山利辉的

《匠人精神》，书的副题是“一流人才育成的30条法则”。我一条条读了，很吃惊，“30条法则”居然讲的全都是关于工匠的为人处世态度，其中深意真是值得咱们体会。

书同兄，你晓得，我不是一个古板的人，虽然年纪大了，却也还不算僵化。也许是自己比较喜欢从事文学写作的缘故吧，我比较喜欢有创意的事情，比较看重图书选题的大小创意，比较看重出版过程中的各种策划，每当看到文学作品出人意表的精彩创意，每当发现出版社更胜一筹的精品选题，总不由得精神为之一振，有豁然开朗的感觉。然而，做出版时间长了，遇事多了，发现创意固然重要，骋目畅怀固然让人得意，可一旦落到出版物上，还得处处小心。

我们的编辑出版工作，常常是一不小心，一个致命的差错，一个致命的细节，就可能毁掉一本内容上好的书、一期美文满载的杂志，甚至酿成大祸。“千里之堤，溃于蚁穴”，在这里不只是谚语，而是真事。有的错漏尽管没有酿成大祸，可也足以让一本好书佛头着粪，令作者生气，令读者疑惑，令我们做书的人羞愧。

为此，我曾经跟一些年轻的同仁说，古人讲“学然后知不足”，我们却可能要讲“做然后知不敢做”，也就是不敢随随便便去做书。书同兄，这不仅是我从业经验之谈，更是教训总结。我从业近40年，其实教训并不少，有机会我会跟你一一道来。眼下，我以一个老出版人的身份提醒你，要成为一个杰出的编辑出版人，需要做好各个方面的努力，可千万不可轻视基本功。既要勤学苦练，更要态度认真。共勉吧！

此祝

冬安！

聂震宁

2019年11月30日夜

第九封信

学会与各部门合作

书同兄：

上次写信咱们讨论了编辑的基本功问题，感觉说得还不够全面，信发出后总觉得有点儿言不尽意，或者说，我总觉着，关于编辑出版人的基本功，似乎还有一些值得思考的地方。讨论问题，倘若我们希望有所深入，就不能在人们通常的共识这里停下来，否则就是人云亦云了。讨论问题如果一味地人云亦云，岂不太无所作为了吗？

感谢中国编辑学会，他们邀请我出席于这个月18日召开的学会年会，而且给我的演讲出了个题目——《编辑的基本功修炼》，促使我把咱们在信中讨论的问题又做了一番思考。一番思考还就有一番心得，我对编辑的基本功又有了一点新的认识。

经过一番思考，我注意到，我们通常一说到编辑基本功，总习惯谈到编辑校对的知识把握、语言文字基本功，其实这是不够全面的——尽管现在全行业对编校质量较之以往更加重视。

在现代出版业，一个出版项目的责任编辑，需要在联系作者、确定选题、审读书稿、编辑文稿到书装印制、策划营销等环节上都有一定的能力。我国古代教育学术研究有小学、大学之分，小学以语言文字为主要内容，大学则以诗书礼乐为主要内容，因而小学成为语言文字学的别称，大学往往特指思想学问，也就是“大学之道，在明明德，在亲民，在止于至善”。可想而知，小学——语言文字学需要基本功，大学——思想学问同样也是要有基本功的。

一个优秀编辑，不仅在文稿编辑上要有扎实的基本功，在编辑的其他环节也要有良好的基本功，其中道理不言自明。上封信里我提到《匠人精神》一书，认为“一流人才育成的30条法则”讲的全是为人处世的态度，现在看来，我的理解简单了，停留在了“术”的层面。说到底，“30条法则”讲的主要是“道”，是关于工匠精神中的思想修养和学习精神，也就是中国古人所主张的“大学之道”。如此想来，“大学之道”应当既是我们编辑这个职业的基本功，也是最高境界。

我把这一点点心得在演讲中跟与会的编辑同行做了简

要的交流，大家回报我比较热烈的掌声，后来还有朋友专门发来微信点赞。外国人不是说“人类一思考，上帝就发笑”吗？上帝笑不笑，我们不得而知，可至少眼下是同行就点赞（一笑）。

书同兄，我今天给你写信，主要并不是跟你再谈编辑文字基本功问题，不过，所谈还是与编辑基本功有关——学会与社里各部门友好合作，这也是一个优秀编辑的基本功。

你说贵社今年最后一个周末要到郊外召开年终总结大会，全体员工都要参加。这样的会议对你们这些新员工来说，可是十分难得的学习机会。你不是说过想尽快多结交社里的一些同事吗？说是进社半年，除了跟校对部的人接触得比较多之外，再就是跟本编辑室的老师和同事算是熟稔了，至于其他几个编辑室，大都只是脸熟，充其量是点头之交，谈不上认识，更不要说熟悉了。那么，现在可就是广结善缘的好机会。只要书同兄用心准备，机会一定会垂青你的。只要你有热情，就一定能找到机会跟其他编辑室的同事多交流，以能者为师，而且还能转益多师。在郊外开会，闲暇时间也就是三五成群，散步聊天，同事之间不经意间就会熟悉起来了。

其实，我特别想提醒你的主要还不是跟编辑同事的交谊——尽管编辑之间的交谊对你今后的编辑工作肯定很有裨益——我特别想提醒你的是，社里可还有装帧设计部、出版部、市场部、发行部等部门，建议你要设法跟这些部门的同事熟稔起来。我从业数十年，见到过不少编辑与各业务部门成功合作的案例，也见到过一些编辑不善于处理跟业务部门的关系，闹得不可开交的案例。有人宣扬“关系就是生产力”，主张到处拉关系搞不正之风，这个当然不好；可是，为了多出好书，同事之间建立友好关系，加强合作，“关系就是生产力”，这是一条真理。

有些编辑在装帧设计部、出版部都有合作得比较默契的同事，如此一来，对于自己担任责任编辑的图书，常常是双方只要做一番认真沟通，装帧方案很快就能达成共识，而接下来出版部在材料和印装质量上再精细一些，结果是样书刚一送到编辑部，同事们无不叫好，直让人眼馋羡慕。反过来，也有这样的编辑，平时不太有心思搭理别的业务部门的同事，对着装帧设计方案，就知道生气斥责“太土太俗”，自己的样书送来，一看就受不了，抓起样书冲到出版部大骂“狗屎”。好吧！“太土太俗”也好，“狗屎”也好，一切都晚了，只要没有质量上的硬伤，出版社不可能因为个别人这样那样不喜欢而重头来过的。

有些编辑，常常进出于市场部、发行部，跟这些部门的业务主管随时交流，甚至还会领着著名作家跟这些业务主管直接谈书稿，讲推广计划，努力做好市场宣传和发行业务的参谋和帮手，他们担任责任编辑的图书营销就是顺畅，该火的一定火，看上去不可能畅销的最后也卖得不错。反过来，有的编辑经常不拿正眼看这些营销业务人员，以为他们不懂先秦古希腊，外语也不怎么样，可是当自己编辑的书卖得不够好时，就怒目圆睁，斥责“这些人素质太差”“这些人不懂书”。好了！“素质太差”也好，“不懂书”也好，一切也都晚了，全社那么多卖得好的书是他们卖出去的，你一个孤芳自赏、自鸣得意的编辑说了不算。

我认识一位老编辑，从业30多年，其中有25年，他担任责任编辑的图书的装帧，多是交由社里一位与他交情比较好的书装设计师负责。他们合作的书既因为内容质量高获得过多项国家大奖，也因为装帧设计水平高多次获得全国书籍装帧设计大奖。后来那位书装设计师在自己的专著里就文稿编辑与装帧设计人员的合作做了专章讨论，就“编辑如何审订装帧方案”“文字编辑与美术编辑的关系”“从选题确定初就介入对装帧设计的策划”等话题讲了很中肯的心得。

这位书装设计师用“同明相照”“同气相求”来概括文稿编辑和装帧设计者的合作，很是传神，抓住了问题的本质。他说，文稿编辑应当做“半个装帧家”，应当懂点装帧，应当善于从整体上把握装帧方案，为装帧设计者当好参谋、助手，提前把自己对书的理解、对装帧的企望告诉设计者。文稿编辑要善于挑选最合适的设计者，能与设计者进行心灵的沟通，引导设计者；要允许设计者有自己的想象空间；不要把一些苛刻要求强加给设计者；要学会把握艺术性与功能性相统一的原则；要很好地支持设计者创意要出新、要超前的构思；要对先进的印制工艺和装帧材料有特殊的敏感。总之，文稿编辑要有一个正确的装帧观。

编辑要得到更好的成长，一定要融入出版社这个大团队，在团队力量的支持下成就自己的业绩。前不久读到一位出版社社长的一篇文章，讲的就是要发挥出版社的团队力量。那位社长认为，要出精品，一定要有团队合作，要共同发力。2018年以来，那个出版社为了一套明星畅销书，从社领导到一般员工，大大小小开了几十次“头脑风暴”会议，而且每次会议之后，必定有人跟进和落实。现在那个出版社已经形成了紧急事件随时召开解决问题碰头会的常规做法。在共同的认知下，过去编辑与发行相互埋怨、推卸责任的陋习得到了改正，代之而起的是发行尽其所能地在编辑执行选题的过程中出谋划策，编辑在图书设计制作的关键要素方面主动听取发行的意见，全社形成了团结合作的良好氛围，使大家看到了出版社的希望。

前面说的是出版社在社长带领下的合作，其实部门与部门、个人与个人之间的合作更容易，只要你有宽阔的胸怀、真诚的热情，哪有合作不了的事？北宋大儒张载说，“心大则百物皆通，心小则百物皆病”，说的就是这个道理。只要学会合作，你在出版社就一定会心想事成的。书同兄，预祝你与同事们的合作成功！

专此。祝你

新年快乐！

聂震宁

2019年12月26日

第十封信

编辑与读书

书同兄：

知道你全程参加了今年的北京图书订货会，很高兴！想必收获满满。

你问我今年怎么没有到展场去，我说是在展场外参加多个新书出版研讨会，其实，也不尽然。由于不再担任出版企业负责人，近几年来，如果没有特别的活动，我已经不怎么去书展了。过去做社长、当总裁，书展必定要去，因为那里既是一个超级卖场，展示产品阵容，显示品牌风采，也是行业信息集散地，观察行业动向，把握竞争态势，好处多多，不去不行。而今无官一身轻，又较少做行业趋势研究，前面说的好处多多对我已经意义不大，这就是现在不怎么去的原因。当然，有活动终归还是要去的，只是连活动也渐渐少了。

你可能有疑问，不是说老出版人心系行业吗，老师怎么会对盛大书展心生倦意呢？其实，我并非心生倦意，恰恰相反，是心向往之。你想，一个读书的人，走进图书展场，万千好书扑面，欢喜都来不及，何倦之有！可是，让人懊恼的往往是，刚见到好书，正想驻足凝神一读，展区的主人不少是认得我的，往往要过来热情招呼。遇好书而不能读，忙于呼朋唤友，实在意思不大。你说你在兄弟出版社的展位上读了不少新书，很好！你入职不久，熟人还不多，可以在别人的展位前尽情翻书，真让我羡慕。

我当然不是主张书展的展区要办成安静读书的图书馆阅览室。尤其是订货会，原本就应当是书业供需双方见面看货、交流的平台，不热情招呼、不呼朋唤友，当然不合常情。至于我希望在展场上凝神读书，显然不合时宜，不过是一个没有了职业压力的老书迷的虚妄之想。

不过，话得说回来。在订货会上，当书业营销人员摆开书阵、热情待客的时候，我还是希望编辑们能抽出时间在别家出版社的展台上安静地翻阅样书，琢磨同行的精品。贵社让全社编辑全程参加订货会，到兄弟出版社展位上看书，不管社长出于什么考虑，无论是为了竞争还是为了学习，终归一定有利于编辑们成长。

读书，应当是出版业最亮丽的风景；而编辑读书，则应当成为出版业永恒的风景。真正做书的人应当是爱读书的人。除了有些同仁或者因为阴差阳错，或者为了养家糊口，本来并不喜欢舞文弄墨，无奈之下进到书业暂且栖身，我们大多数同仁确实还是因为先前读过一些书，懂得书的好处，以出好书为平生乐事。编辑者不一定是作者，但一定要是读者，而且是比较好的读者。正如编选《唐诗三百首》的清代蘅塘退士（孙洙）所言："熟读唐诗三百首，不会吟诗也会吟。"读书和编书的关系也大体如此吧。作为编辑，需要认识社会，学有专攻，视野开阔，理解作家，品评作品，这些都离不开最基本的功夫——阅读。从这个意义上来看，阅读才是编辑基本功中最基本的功夫。

出版家陈原对编辑修养有一个"书迷"的说法。他认为编辑的自我修养第一条就应当是使自己成为"书迷"。陈原于1949年主持过生活·读书·新知三联书店编辑部的工作，后来又担任过世界知识出版社副总编辑、国际书店副经理、人民出版社副总编辑、商务印书馆总编辑和总经理，主持出版"汉译世界学术名著丛书"，毕其一生，完全称得上是"为书籍的一生"。陈原是一个不折不扣的书迷：买书、读书、写书、评书、译书、编书纵贯了他的人生历程。

事实上，举凡现代出版大家，张元济、高梦旦、陆费逵、舒新城、胡愈之、邹韬奋、郑振铎、夏丏尊、叶圣陶、

陈原（左）工作照

张静庐等，无一不是书迷。

张元济晚年手书江南名联“数百年旧家无非积德，第一件好事还是读书”，不难看出他一生的志业。他放弃显赫教职——南洋公学代理总理，应邀加盟上海弄堂里一家小小的商务印书馆，投身《世界文库》的翻译出版和新式学堂教材的编写推行，亲力亲为搜集、刊行中华古籍，建立藏书室涵芬楼和东方图书馆，创办《小说月报》《东方杂志》等，坚持做成了一桩桩看似难以完成的开创性出版事业，无非是从“第一件好事还是读书”去修炼，朝着“数百年旧家无非积德”去做出版。

邹韬奋进入出版业之前，已经是一枚读书种子。他一直坚持自主阅读，主张“实际的领略和运用，还是要靠自己努力去干，从干的当中得到要诀，这好像游泳一样，只是听了是无用的，必须钻到水里去游泳，才有所得”。他并不满足于只读课堂上老师教的几篇文章，而是在课外阅读大量名著专集，重点读了《韩昌黎全集》《王阳明全集》《曾文正公全集》等。他自创“宝塔式读书法”，只要“觉得其中特别为自己所喜欢的，便在题目上做个记号，再看第二次；尤其喜欢的再看第三次；最最喜欢的，一遇着可以偷闲的时候，就常常看”。这种“宝塔式读书法”他一直沿用，使他不仅成为一位博学多闻的编辑出版大家，还成为一位被尊崇为青年导师的随笔作家。

一提到出版史上的名人大家，人们可能就会觉得这些都是饱读诗书之士，后人难以企及。其实，许多现代编辑出版人之所以能够建立自己的业绩，既在于他们原本就是杰出人才，更在于他们从业之后不断地读书学习。张元济原本受的是封建教育，在编创新式学堂国文教科书时，既无样板，也无经验，若不是他认真学习新知识，努力实践新文化，是断然完成不了这项跨世纪出版任务的。邹韬奋也是进入出版业后靠着不断的读书学习才成长起来的。他曾说：“我个人是在且做且学、且学且做的，做到哪里，学到哪里，除了在前进的书报上求锁钥外，无时不惶惶然请益于师友、商讨于同志。”

从实际情形来看，编辑出版人从业之后不断地读书学习，其效果往往来得更为明显。

商务印书馆在20世纪50年代曾经针对提高编辑人员的业务水平问题提出加强编辑学习，除要求每周有两个半天学习外，还要求大家阅读经典原著，在自学的基础上组织讨论交流。当时陈翰伯总经理在组织翻译外国学术名著时，自感知识不足，便攻读“洋四史”：世界通史、西方哲学史、经济学说史和政治思想史。他的行为带动了编辑部的同志，大家在掌握“洋四史”的基础上，各编辑再按专业分工，结合审稿，分别读原著，提高专业水平。陈翰伯这种在出版社“为实践的需要而读书”的办法，让编辑们受益匪浅。

陈翰伯在工作

我曾经在报刊上看到一位童书编辑的文章，回忆20世纪90年代出版社安排新编辑读书学习的情形，很受感动。当年她大学毕业，自以为文学修养已经不错，可是，进到一家小有名气的少儿出版社后，总编辑并不急着让新编辑们动手做选题，而是要求他们在工作之余每天读10本童书，每本童书要挑出其中的优点和缺点。社里安排人把国内童书榜上前500名的童书、国外一些原版书以及各类与童书和教育相关的理论书籍买来给大家读。每周二，总编辑还会带着编辑们花一个下午的时间讨论各种书。在经历了几乎整整一年的阅读、研究和准备后，她才开始真正编辑第一本童书。而今她已经成为一位资深编辑，业绩满满。她说现在回过头来看，正是这样的基础训练，让她在后来的编辑过程中碰到很多问题都能很快找到解决办法。也正是因为有了这样的职业习惯养成，她在后来的编辑生涯中一直坚持进行专业阅读。而这家少儿出版社如今也发展成一家大有名气的出版社了。

在一般人的眼中，出版人读书应当是不成问题的，可事实上并不尽然。眼下强制要求编辑们读书学习的出版机构恐怕并不多了，而这些年来不爱读书的编辑出版人却时有所见，一些出版机构的读书热度甚至还不如社会上的许多读书会。我曾经用“如入芝兰之室，久而不闻其香”来形容编辑出版人不爱读书的现象。这句名言出自孔子，原话是：“与善人居，如入芝兰之室，久而不闻其香，即与之化矣。”其原意是说和品德高尚的人在一起，就好像进入摆满芝兰花的房间，久而久之就感觉不到芝兰的香味了，这是因为自己和香味融成一体，可后来也被借用来形容人们审美疲劳的现象。我们编辑出版人的职业与书为伴，却久而不读其书，久而不闻其香，会不会也是职业上的审美疲劳呢？而这种疲劳会不会导致编辑能力的衰减和出版物质量的下降呢？书同兄，对此我们要深思和警惕啊！

春节将至，专此祝你

鼠年吉祥！

聂震宁

2020年1月15日

第十一封信

公益精神和社会担当

书同兄：

昨天惊蛰，窗外的春色益发见好。看新闻，新冠肺炎疫情大幅减弱，心里就有了劫波渡尽的感慨。湖北的疫情虽然不再那么严重，可我们还不敢乐观，湖北自然成为人们最挂念的地方。我们挂念那里所有遭遇不幸的患者，挂念那里所有正在英勇抗疫的医护人员，挂念那里所有无私奉献的志愿者，挂念那里还处在严格防控措施中的武汉市民，挂念那里所有让我们泪奔的故事……

原本计划第十二封信谈出版人的公益精神和社会担当，可是，突如其来的新冠肺炎疫情打乱了许多计划，咱们的通信计划也要调整。因为，这些天来，我有许多冲动，急于要同你谈论这个话题。

自全国抗疫以来，我先是以为借此可以避开春节长假的热闹应酬，蜗居家中安逸地读上几本书，脑海里还浮现“岁月静好”之类轻飘飘的语词。然而，很快，心情就不能静好了，每天我都在关注各种疫情新闻，阅读各种有劲道的抗疫时文，阅读各种真诚感人的抗疫诗歌，还有在智能手机上收听来自我们出版业的各种APP的音频抗疫读物……疫情灾难笼罩了我们的日常生活，湖北省特别是武汉市有太多遭遇，既让我们无比难过，又有太多抗疫一线的悲壮故事震撼我们的心灵。还有，不少出版人用各种办法担当起了抗疫出版的社会责任。此时此刻，此情此景，都在催动我举意跟书同兄谈谈出版人的公益精神和社会担当。

书同兄，说到出版人的公益精神和社会担当，其实我应该先向你表示敬意。贵社的读书APP几乎是在第一时间推出“经典免费听”活动，而且阁下正是这一活动的主力担当。微信里你告诉我，从大年初四起，你们连续奋战至今，值得感佩！你和你的同事为读者提供了一大批免费的优秀经典名著有声版，还免费为“学习强国”学习平台提供了数十种有声读物。这让我清晰地看到了你们新一代出版人的公益精神和社会担当。尤其是你们在融媒体出版上的超强操作能力，眼下更是沧海横流显出本色，应该点赞！

不过，点赞之余，有一事老夫还要提个醒，贵社的“经典免费听”活动可能涉及不少作品的数字版权，不晓得是否已经获得所有作者的授权。如果来不及取得，务必及时跟进联系。虽然是为了抗疫，先行使用了著作权人的数字传播权，但务必向人家做解释，求得对方理解和支持。

抗疫40多天来，因为疫情凶猛，交通阻隔，物流中断，纸书无法送达读者，数字出版显示出极大的传播优势。人民文学出版社的“人文读书声”有声店铺于1月30日为读者提供一大批免费的优秀经典名著有声版，很快就发放免费月卡4万张，累计近百万元；与数字平台联合，为读者提供免费电子书。《三联生活周刊》电子版发出一篇篇采写自武汉的硬核文章，令我回想起2003年抗击“非典”和2008年汶川抗震救灾时这份杂志的风采。如今，这份杂志不仅雄风不减，而且其创办的“中读”APP已经成了抗疫时期最受欢迎的听书平台。

人民教育出版社开放数字教学资源，把基本上涵盖中小学全学段、全学科的教科书和教师用书近600种的电子版全部免费向社会开放，切实保障了春季课前到书。湖南出版投资控股集团旗下“小鹿听课”平台改头换面，从过去的精品收费课程全部改为免费课程。华中师范大学出版社向全国高三学子免费赠送原创试卷，还将疫情防控知识汇编进教材教辅和大众读物。凡此种种，还有很多，无不显示出数字出版无往而不至的传播优势。

疫情期间，“人教点读”APP免费开放所有数字教学资源

我以为，2020年的春天，我们尤其要给我国的科技出版社大大地点个赞。这次抗疫，科技出版担当了出版业的先锋和主力。几乎每一家科技出版社都闻风而动，做出各自的贡献。人民卫生出版社早在1月30日就推出《新型冠状病毒感染的肺炎公众防护指南》纸质图书、电子书、网络版读物，并以此书为引领，陆续策划出版了30余种读物，而且都是融媒体出版。上海科学技术出版社的《张文宏教授支招防控新型冠状病毒》数字版免费发布，一周后升级版面世，成为全网收藏的“抗疫宝典”。

人文社科类出版人不会在抗疫出版中缺位。人民出版社策划编辑图书《最美逆行者》，反映全国各地医护人员驰援湖北抗击疫情的无私奉献精神。湖南文艺出版社仅用一个星期，从3 000余封一线抗疫者家书中精选出81封，精编精绘精制了图文书《你信大爱我信你——潇湘家书·抗疫篇》。陕西师范大学出版总社自大年初四起就启动《新型冠状病毒感染的肺炎疫情下心理健康指导手册》的编辑出版，不到3天就上线并正式出版，接着又推出《战“疫”家书》《口罩里的爱》《走开！冠小毒》等图书。

少儿出版总能扪触到人们心灵最柔软的地方。长江少年儿童出版社尽管身处抗疫核心区，员工们各自困守家中，却没有停止出版的步伐，在武汉“封城”后的6天时间里，就出版了科普绘本《孩子别怕：儿科专家讲病毒故事》，17天时间里又推出了故事图画书《等爸爸回家》。全国许多少儿出版社并没有置身事外，纷纷从少儿读者的角度出版了不少与抗疫相关的饱富情感的好书。明天出版社紧急策划出版了图画书《最美的逆行——献给奋战在抗击疫情一线

《等爸爸回家》（长江少年儿童出版社）

的勇士》《我的妈妈最了不起》《爸爸，再见》，只要看一看这些书名，善良的人们内心都会生出一阵感动。

抱歉，我是不是举例太多了？在抗疫以来的日日夜夜里，宅在家中，每当通过网络，看到出版人的一个个壮举：免费赠送抗疫图书、免费赠阅电子读物、免费开放数字资源、免费提供中小学名师网课……我都觉得眼前一亮，间或做了一些记录，不过肯定还不足实际情况之二三，然而管中窥豹，也让我们看到了当代出版人的作为和境界。

书同兄，你注意到了吗？无论是这里罗列的许多“免费”，还是前面提到的许多出版案例，都没有看到出版业的“双效”之一——经济效益。是的，疫情就是命令，抗疫就是责任，真的勇士只有迎难而上、见义勇为，怎么可能顾得上一己私利、经济得失！当许许多多医护人员义无反顾地奔赴抗疫一线的时候，当许许多多抗疫志愿者穿梭在城镇的大街小巷的时候，他们都没有去考虑钱的问题，我们的出版人又何尝不是如此？“苟利国家生死以，岂因祸福避趋之。”无论什么时候，公益精神在出版业里总是第一位的。“侠之大者，为国为民。”在平常做出版都要有这样的公益精神，更不要说非常时期。灾难在前，国有危难，公益精神势必成为我们的全部。

书同兄，你知道吗？在2008年抗震救灾出版中，曾经有一位老朋友对当时我和同事们的一些快速出版行为提出过疑虑，认为图书不是新闻，优质的出版需要沉淀，急就章式的出版应当尽量避免。而今，全国疫情之下，出版人又一次迅速行动，而且几乎是不约而同地行动起来，其社会担当几乎成为一种行业自觉。这又一次引起了我的思考。

是的，一般来说，图书要远比新闻消息更具有深厚内涵，优质的出版往往来自作者和出版者长期的思想文化积淀。然而，事物的性质不会一成不变，具体情况需要具体对待。当国家遭遇困难、社会需要救助、民众需要扶助的时候，图书也是可以像新闻一样唤醒大众、振奋人心的，而未经沉淀的出版也可以为人们提供精神食粮。

唐代大诗人白居易响亮地提出“文章合为时而著，歌诗合为事而作”的文学主张，正是历代优秀文人富于社会使命感的一种集中概括。“为时而著”，即意味着优秀文化人对时代的关注，对满足社会需求的责任和担当；“为事而作”，即意味着优秀文化人对现实社会的关切，致力于解决现实问题、回答现实课题。张元济、陆费逵、邹韬奋等杰出出版先贤都曾经奉献了许多“为时而著”“为事而作”的重要书刊，为中华民族的文明进步做出重要贡献，从而彪炳史册。那么，当时代、社会、现实、民众对包括出版人在内的文化人提出各种精神文化需求的时候，我们出版人还能够只顾出版需要沉淀而背对时代、社会、现实的召唤和亿万民众的迫切需求吗？2020年春天抗疫出版的实绩又一次回答了这个问题：优秀的出版人，总要把公益精神放在第一位，从而勇于为社会担当。书同兄，这是你和许多奔忙在一线的出版人给予我们的启示和教诲。谢谢你们！

疫情未过，彼此保重吧！此祝

安好！

聂震宁

2020年3月6日

第十二封信

学会出版的艺术

书同兄：

明天是“4·23”世界读书日。谢谢你在微信朋友圈里点赞拙著《阅读的艺术》！你评论留言：阅读有艺术，出版也有艺术吗？有意思！政治有政治艺术，战争有战争艺术，外交有外交艺术，管理有管理艺术，举凡教育、学习、写作、说话、建筑、园林、烹饪等无不有艺术，那么，作为传播各种知识文化的出版，又怎能没有艺术？

这几个月里，许多人都十分关注电视新闻中可敬的医护人员救治新冠肺炎患者的报道，有许多情景能让我们这些医学上的外行悟到其中的精妙，那往往就是医学中的艺术。一位大夫瞬间做出的决断，使用ECMO（体外膜肺氧合）技术抢救危重症患者，居然把患者从死亡线上挽救回来；一位大夫对使用呼吸机的危重症患者做出换插管的决

聂震宁著《阅读的艺术》(作家出版社)

定，竟能使患者转危为安……他们让我们看到了在这些技术操控之外的悟性，这悟性就是人们通常所说的艺术。

在电视新闻报道中，许多医护人员采用各种办法安慰患者，舒缓患者的焦虑情绪，让我们时时感受到一种医护的艺术。唐代孙思邈说："大医精诚。"一位西方哲人说："医学是一门科学，但要成为一名医术高超的大夫却是一门艺术。"疫情期间"大医精诚"的种种情景，让我们所有人为之感动。

什么是艺术？古今中外的哲人们下过各式各样的定义。归总起来，艺术最重要的品质就在于人的精神创造。人们各种活动的艺术性之高低取决于精神创造的优劣。

出版的艺术也概莫能外。

改革开放之初，“汉译世界学术名著丛书”1982年一次推出50种，涵盖世界上哲学、思想、政治、经济、社会、历史、地理等人文学科的学术代表作，给遭遇过10年书荒的读者很大惊喜，为新时期学术文化建设提供了重要的经典基础。

“走向未来丛书”跨越学科界限，执着于思想解放的前沿思考，在选题设计上是面向未来的创新。“走向世界丛书”则选择晚清国人看世界的不同眼光，借以成为对改革开放的催促和推动，在选题设计上是温故而知新的创新。

“外国文学名著丛书”在既往近20年丛书断断续续出版的基础上扩大了选题范围，提高了出版的密度，体现了新时期的开放精神。“获诺贝尔文学奖作家丛书”帮助国人拓宽视野，了解世界当代文学的进程和风貌。如此等等。精神是一个——改革开放，然而选题的角度和风格却各不相

“外国文学名著丛书”（人民文学出版社）

同，这就是出版的选题艺术。

出版的选题艺术可讲的故事最多。

在对待原创选题上，许多名编辑风格迥异。冯雪峰编辑长篇小说《保卫延安》，读稿读到凌晨4点钟，一时激情难耐，提出马上要约作家杜鹏程来交换意见。何启治编辑长篇小说《白鹿原》，联系作家陈忠实长达20年，可谓锲而不舍。龙世辉编辑《林海雪原》，既充分尊重作者曲波的意愿，又毫无保留地投入精力改写作品，既视作品如同己出，又毫不谋求私利。周振甫身为文史专家，却在编辑《谈艺录》《管锥编》上全力投入，多有专业上的贡献，深得学者钱钟书的感佩。傅璇琮编辑《万历十五年》，征得远在美国的作者黄仁宇同意，在北京邀约文风比较适合的学者帮助全面完善文稿，这才有了后来被称为大历史写作的范本。如此等等。精神是一个——一切为了好书，然而着力点因人因书而异，这也是出版的选题艺术。

在对待出版社原有选题上，出版人也颇有各种艺术的操作。商务印书馆把自张元济起百年来出版的世界学术名著汇集而成“汉译世界学术名著丛书”，人民文学出版社把自冯雪峰起半个世纪来出版的中外文学名著汇集而成“语文新课标必读丛书”，二者后来都成为两家大社的看家品牌。

生活·读书·新知三联书店把一本原来薄薄的小书《世

界美术名作二十讲》改编为插图珍藏本，全彩印刷，一直大卖至今；其后，又扩充成“二十讲系列”和“十讲系列”，相继收入《中国古建筑二十讲》《外国古建筑二十讲》《外国现代建筑二十讲》《西方20世纪别墅二十讲》《乡土景观十讲》《中国小品建筑十讲》等，成为这家名店的常销书。

《车辆—轨道耦合动力学》（第三版）在科学出版社出版后，学界虽有好评，可市场并未大卖。编辑并未就此放下，而是时在念中，一旦有了良好时机，就主动建议作者修订，并以重版书成为获得国家级奖项的品种。如此等等。精神是一个——求新求变，在选题开发上坚持与时俱进，这同样是出版的选题艺术。

书同兄，作为新入职的编辑，你们往往会对出版选题的艺术性比较感兴趣，不错，这是整个出版过程里最具创新价值的环节。遗憾的是你目前还只能先从事文稿编辑工作。那么，文稿编辑有没有艺术性可讲呢？

有！文稿编辑也要讲求艺术性。

记得我曾经在给你们讲课时谈到过写作的两个层次，即“对不对”和“好不好”，其中“好不好”就是对写作的艺术性要求。文稿编辑一般来说也要先从“对不对”来评价和规范文稿，这大体是技术活儿，不可马虎。最后还是要在“好不好”上多用心。

早年间，编辑在编发著名作家孙犁的名篇《荷花淀》文稿时，读到这一段，抗日根据地的男人都去当兵了，家里的女人想念丈夫，作者写了一句“女人们到底有些藕断丝连”，文稿编辑顺手把这句话改成了“女人们到底有些牵肠挂肚”，编辑认为“牵肠挂肚”比“藕断丝连”更贴切。可是书出版后作家勃然大怒，认为这处修改破坏了他的语言风格。这就是编辑工作中常说的“可改可不改的不改”和“如需修改，要征得作者同意”两条规范。

20世纪50年代，人民出版社的一部翻译文稿中有“他的病一日日好起来了”的句子，文稿编辑认为里面“一日日”太文绉绉了，就改成了“一天天”。翻译家把状告到社长曾彦修那里。为此，曾社长召开全社编辑大会谈这个问题，指出老翻译家作为老知识分子，有自己的文风，没有必要非改成大白话“一天天”。可是，周振甫审读钱钟书的《管锥编》，指出书稿中1 000多处错讹，绝大多数为钱先生接受，而且钱先生还在序言中感谢“良朋嘉惠”。在文稿编辑环节，把文稿改好是艺术，不擅改也是艺术，编辑的谨慎从事、相机从事就是一门艺术。

说到出版的艺术，很多人会立刻想到书籍的印装艺术。不错，印装艺术是书籍中最直接的艺术。印装艺术在美术学科里就是一个自成体系的专业。随着移动互联网时代的发展，书籍印装的重要性愈发凸显出来。

电子书、网络版再便捷，可毕竟没有那些印装艺术高超、印装质量上乘的书籍惹人喜欢。人们究竟喜欢纸书哪些方面呢？喜欢书的用纸，喜欢书的装帧设计，喜欢书胶钉加锁线，喜欢书的字体适中且行间距疏朗，更多人喜欢买书时捧书的快感。更不要说一些藏书家，特别是“复本控”，他们的收藏不仅为新品，还特别重视收藏内容与装帧、纸张与设计俱佳的书。就连一些喜欢电子书、网络版而唱衰传统纸介质书籍出版前途的朋友也承认，说是未来的数字网络出版时代，大概只有印装质量讲究的纸书可以作为艺术品生存下去。

书同兄，我们并不因为书籍的印装艺术关系到传统出版业的生存和前途才高度重视，其实，即便远在数十年前，还毫无数字互联网技术的挑战之时，出版业就强调文稿编辑要在书籍印装艺术上加强修养。

记得在第九封信中咱们谈过这个问题，我建议文稿编辑要跟书装设计者“同明相照”“同气相求”，应当成为“半个装帧家”，善于从整体上把握装帧方案，为装帧设计者做好参谋、助手。何况随着移动互联网时代的发展，纸介质出版受到越来越严峻的挑战，提高我们书籍印装艺术的鉴赏力不仅有利于编辑个人成长，而且已经成为事关行业生死安危的大事，不能不有相当的关心了。

好了，出版环节最后剩下的就是营销了。营销也有艺术吗？不用说，出版的营销艺术不仅有而且不能没有。

当年我和人民文学出版社的同事操作《哈利·波特》的营销，为此写过一篇长文《一部超级畅销书的“生命工程”》，称得上“生命工程”的营销方法，总归带有相当的艺术性。当年作家出版社出版加拿大作家的长篇小说《英国病人》，书早已印制完成，一直按下不发，为的是等待同名电影在奥斯卡获奖的信息，一直等到影片获得9个奖项的信息传来，图书销售这才趁势而上，赚得个盆满钵盈。不能不承认，这是营销艺术上的成功。

疫情期间，我们看到，不少出版社将新书发布从线下改为线上“云首发”，不屈不挠地做营销，令人感慨。

中国外文局组织抗击疫情系列出版物全球“云首发”仪式，还邀请国际友人通过“云致辞”参加“云首发”式，突破时间和空间的局限，达到全球首发的效果，颇具震撼力。管理学大师彼得·德鲁克有名言：“动荡时代的最大危险不是动荡，而是延续过去的逻辑。”我们出版人在疫情之下并不固守“过去的逻辑”，而是创新办法，坚持营销，这本身就是一种营销的艺术。

书同兄，自你入职出版社以来，已经给你写到第十二封信，刚好成了一打。我们已经就一个新入职的青年编辑面临的不少问题做了讨论，尽管觉得还有不少问题未能谈及，可还是只能就此打住。再絮絮叨叨下去，我就该成“老师控”了，让人讨嫌。我之所以在第十二封信里讨论出版的艺术，其实就是想建议你对不管是不是讨论过的问题，都能把握好一种思维方法，也就是艺术创造的思维方法。艺术创造的思维方法，就是既要坚持价值观正确，又要求新求变求好，在考量“对不对”的同时，还要想想“好不好”，把事情做对，还要把好事做好，把好书做好——这大概就是出版艺术的精神和主旨。供你参考吧！

此祝

春安！

聂震宁

2020年4月22日

读者反馈

人民教育出版社党委书记、社长黄强：做一名编辑并不难，但做一名好编辑则十分不易。编辑，作为一种选择、整理、加工和传播文化知识的活动，伴随着人类的著述行为而产生，其历史已十分久远。但真正作为一门独立的行当，则是近代以来的事情。相对于公务员、教师、医生那样的行业，社会上对编辑职业的认知似乎还处于一种比较模糊的状态。许许多多编辑从业者，从入职开始，到职业生涯结束之时，都一直在思考和探索着，如何才能成为一个好编辑。聂震宁先生的十二封信，以平实而又生动的文字，高度概括了一个编辑必须具备的修养和必须掌握的技能，既讲道，又说术，娓娓道来，富有亲和力，很好地回答了这一问题。这十二封信，既凝聚了行业的总体认知水准，也体现了聂先生作为一位出版大家的思考和智慧，不愧为精品力作。无论新老编辑，都应该阅读和体味，并付诸实际工作中。

中国盲文出版社党委书记、社长黄金山：这个策划比小说连载还吸引人。第一封信出来后，出版社内的所有编辑都读了，便开始等着此后的第二封信、第三封信……我们有一个微信群，一起来读这十二封信。感谢聂总！

重庆出版集团党委书记、董事长、总编辑陈兴芜：聂总处处讲到点子上，让编辑受益无穷！

陕西师范大学出版总社董事长兼社长刘东风：社里的编辑们都在学习。

希望出版社社长孟绍勇：这一组文章非常好，都推荐给社里的年轻编辑了。

广西美术出版社原党委书记梁学瑾：没有了“出版精诚”，再有“本事”也是出不了好书的！

教化民众、引领正道、承接精良、针砭时弊等本该置于首位，而今诸多杂念“抢得了先机”，不能不说我们的确失职了！

要想做好图书编辑出版工作，没有扎实的基本功不行，没有认真负责的态度不行，没有勤奋好学、不耻下问的求知欲望不行。在这方面，我是深有体会的！

广西教育出版社原党委书记杜建文：做选题！妙！

中共党史出版社原社长兼总编辑汪晓军：在当前全党正在进行的“不忘初心、牢记使命”主题教育中，这样的文章正是传承文化情怀和职业精神最好、最生动的教材。中共党史出版社把十二封信作为新编辑入职的教科书。

漓江出版社原总编辑宋安群：讲的是随感，实为出版哲理。

广西出版协会原副主席陈肖人：做一个编辑家不难，但做一个编辑的学问家就不易了。震宁您做到了。

浙江文艺出版社副总编辑邱建国：前两天出版圈同行们很多人都转发了一条微信，是《北京青年报》的报道，题目是《书是好书，但错别字也太多了》，看了报道令人沮丧。有些朋友甚至发出“天问”：肿么办（怎么办）？今天《中国新闻出版广电报》“版话儿”微信公众号推送的聂震宁先生“见字如面8”就做出了回答：不可轻视基本功。当然不仅仅指编辑个人不可轻视基本功，更包括出版单位在机制上不能轻视那些老老实实埋头编书校字的编辑和校对人员，出版行业更应如此。书上面有字，字后面是人，人后面是机制。出版界“质量”问题已是大问题，要切实提高图书出版质量，改变出版单位内部机制，改变长期被社会舆论裹挟的图书定价机制，改变所有投入风险都由出版社承担的不合理的发行体制，改变出版社与民营文化公司合作中出版社当“廉价保姆”的合作模式等，有关部门需要通盘考虑，深入研究。

吉林出版集团培训部主任吴兰平：要成为一个优秀的编辑和出版人，首先需要的是出版情怀。

江西省新闻出版局图书处原处长朱胜龙：聂总在信中提出了一个重要问题，青年编辑如何向老编辑学习？学什么？怎样学？应该说，向老编辑学习，已经成为青年编辑成长的“快捷”模式，但关键是学什么？是学皮毛，还是学精髓？编辑行当，入门不易，深造更要下功夫。编辑工作要处理好四种关系。其一是创意无限与精细无比的关系。既要大胆创意，在任意驰骋中掀起头脑风暴，又要学会慢工出细活。其二是政治敏锐和专业素养的关系。出版无小事，头脑中要绷紧意识形态这根弦，同时又要有专业眼光，善于从平凡中发现“伟大”，从草根中发现、培养有潜质的名家。其三是文化底蕴和市场感觉的关系。编辑既要善于把握和引领文化走向，又要有市场“基因”，跟着市场的节拍走。其四是案头功夫与交际沟通的关系。既要有与书打交道，有锦上添花的神来之笔，又要善于与作者交朋友，做作者的知音和知己，在编创互动中对作者进行有效引导，把自己的成果融进作者的作品之中，成为不署名的作者。编辑的职业荣耀，莫过于此。

以书信的形式，向青年出版人传递著名出版人的情怀、理念、经验，使之成为出版界共享的精神财富，这个创新之举值得点赞！在营造行业资源共享空间方面，《中国新闻出版广电报》大有用武之地，希望能推出更多的既顺应大势又接地气的佳作。

南京大学教授张志强：前有朱光潜《给青年的十二封信》，现在又有聂震宁给青年编辑的十二封信。期待早日看到单行本！

广西师范大学文学院副教授刘艳：轻松又富实效的干货分享。这么好的内容可以再以音视频形式呈现，期待哦！

湖北文理学院副教授张月萍：书信感特别强，亲切耐读，宛如晴空万里、碧水蓝天。

福建作家冯敏飞：聂老师这一系列精彩短文是写给编辑的，其实也非常值得我们作者好好一读，谢了！

“靳逊”：“书同”，即“书道同行”。聂震宁先生的信，写得浅白通透，故事生动有趣。我把此前的两篇找到，下载到电脑里了，还给第一篇加了标题“做有情怀的出版编辑”。我觉得，无论做何种工作，有没有人文情怀，做出的工作是有巨大区别的。如果我们所有的人，都有情怀地做事，对待自己的工作，中国会比现在更好。我们对待工作的态度，所反映的就是一个人的情怀。

“By_Bella”：每天看一两篇，刚刚读完，受益匪浅，有些内容还需要再细细品读，待编辑工作有困惑时再拿出来读读。谢谢老师们在前引路！

“娟”：战战兢兢，如履薄冰。编辑如是语。聂先生的“做然后知不敢做”，深有感触。

读者反馈

震宁师长：

“五一”假期愉快！我是一名进入出版行业10余年的普通编辑，您是一位从业近40年的著名编辑家，无论从年龄还是工龄，更不必论行业建树，我都必须尊称您一声“师长”。

震宁师长，自2019年7月8日您在《中国新闻出版广电报》开辟专栏《给青年编辑的十二封信》第一期起，我一直在追——既追您写给青年编辑的每一封信，也追您这位当今出版界的大咖（在此之前，我已拜读过您的多篇文章，受益匪浅），直至2020年4月27日专栏刊出您的第十二封信，时长近10个月。时间拉得有些漫长，但绝没有辜负等待，就我自己的感受用一句话来概括，那就是“读君十二篇，胜过十年班”（这“班”，既可解释为我参加过的各种编校培训班，也可理解为我参加工作的每日上班）。

12封信，洋洋洒洒三万六千言，从培养出版情怀到修炼基本功，从学做选题到撰写审读报告，从认识出版社到与各部门合作，从向老编辑学习到跟作者打交道，从阅读的功夫到出版的艺术，从认识社会效益到展现公益精神和社会担当……几乎涵盖了编辑工作的每个环节。这其中有叮嘱，有互勉，有启示，有教诲，有鼓舞，有警戒，有敬意，有祝福，因事而异，且语言通俗明了，论述深入浅出，观点与实例相佐，道理似春风化雨，润物无声，令人信服和受益！

“开栏的话”里说“为青年编辑答疑释惑”。就我自己认真阅读后的感受而言，于此之前一些模棱两可的问题与疑惑，知其存在却没去深究，但今天有了豁然开朗的感觉，体现在两个方面：一方面明确和厘清了某些模糊的认知；另一方面颠覆了某些根深蒂固的认知，带来不小的震撼，这一点我将在下面详细论述。

“开栏的话”里还说“为了让青年编辑平心静气地做好出版工

作，脚踏实地地前行”，毫不讳言，这12封信我认真读了，也真正走心了，它们正逐渐改变我在编辑工作中的一些做法。比如，您在第七封信《怎样才能写好审读报告》中写道，周振甫先生在详细审读完《管锥编》第一部分书稿后，撰写了足足30多页、长达数万字的提出具体评价和修改意见的审读报告，我受到了震撼。此后，我改变了自己一直怀揣的审读报告可有可无、无关紧要的想法，开始认真写每一份审读报告，从内容到书写都一丝不苟，结果写出来自己都觉得更加专业和无愧了。而且，在这一过程中，既检验和提升了自己判断和鉴赏稿件的能力，又锻炼和培养了自己的逻辑思维和文字表达能力，总之，写审读报告难度不大却收获良多，何乐而不为呢？

震宁师长，接下来具体与您交流或者说向您汇报一下，这12封信带给了我什么。认真拜读过后，我仔细思虑，其中干货很多，将其归纳、提炼出以下两大方面——

一是，您在这12封信里列举的诸多实例兼及具体操作，实用且高效，我则本着“拿来主义”，借鉴或直接引入我日常的编辑工作中。比如，您在《学会跟作者打交道》中提到：小文的编辑师傅在4年半里连续发出18封信终于打动那位法国经济学家，拿下那个颇具价值的版权合作项目；人民文学出版社编辑何启治以20年的耐心和恒心等来陈忠实的长篇小说《白鹿原》。他们的一鸣惊人，其中蕴含的“长线意识”与“长线友谊”令我耳目一新，深受震撼，于是我开始与微信、QQ上的一些作者老师热情联络或友好互动，一点点剔除此前身上患有的“势利病”。比如，您在《不可轻视基本功》中介绍了人民出版社在业内被称为“百万无一失、万万无一失”的“校对王”白以坦先生当年领衔主校《毛泽东选集》时的情景：“已有‘校对王’之称的白以坦还在排字车间里低头看书，他手里拿的是校过多遍、做成‘假书’的定稿，一个年轻校对在他旁边对着原稿一字一字、一个标点一个标点地诵读，‘校对王’则低着头一点一点跟着校。”这种有声校对法，将“每个字磨出来”，可以避免仅靠眼睛校对时疲劳所致的遗漏，非常实用且高效，我已将其直接引入科室的校对实践中。再比如，在《怎样才能写好审读报告》中，您提到那份称得上审读报告范文的周振甫先生撰写的《建议接受出版钱钟书先生的〈管锥编〉》审读报告时，不厌其烦地介绍内文结构，我立即为那份“意见明确，又礼貌得体”的审读报告所吸引和折服，自此它成为我写作审读报告参考的范本。诸如此类，不一而足。编校工作是一个经验活儿，经验需要日积月累，而在这12封信中，很多经验扎堆一处，简直得来全不费工夫，实在值得花费时间去仔细捡拾，认真咀嚼，慢慢吸收。

二是，在这12封信中，除诸如上述列举的“拿来”便可付诸编辑工作实践的具体操作外，还带给我对以往诸多模糊认知的厘清、丰富和拓展，更重要的是对昔日某些根深蒂固的认知的颠覆和“没有不可能，没有什么是做不成功的”的执着信念的树立。比如，您在《认识你的出版社》中提到“做出版，大社有大社的雄伟，小社有小社的瑰丽，不好以大小论英雄”；在《学会与各部门合作》中提到“通常一说到编辑基本功，总习惯谈到编辑校对的知识把握、语言文字基本功”“有些编辑在装帧设计部、出版部都有合作得比较默契的同事”“有些编辑，常常进出于市场部、发行部”“关系就是生产力”。诸如此类认知，此前在我的潜意识中似乎也有，然而完全不像现在这样清晰明了，自然也没引起足够的重视。比如，在《学会跟作者打交道》中，您提及自己1990年初，作为一家地方出版社编辑，受命负责一套大型知识丛书的编撰组织工作，在不到20天的时间里邀约到冰心、萧乾、叶至善、袁行霈、叶水夫、黄宗江等20多位名家作为22个分册的主编一事，除却以诚相交的原则，具体细节没有论及，但足以敲醒和震撼我，做出版也一样，“没有不可能，没有什么是做不成功的”。再比如，邹韬奋接任《生活》周刊主编，整期文章几乎自包，用不同笔名撰写各种各样的文章，获得读者喜爱；张元济自幼接受封建教育，在既无经验也无样板的情况下，编创新式学堂国文教科书……这些鲜活的实例，响亮地告诉我，做出版，任何时候不要让“想当然”“不可能”束缚住手脚和思想，任何事情都要坚持“诚、信、恒、专”，则“出版精诚”。

大学毕业后我进入出版社，那时仅有一腔热情，其实对出版知之甚少；走上编辑岗位，没有入职培训，很多年来只有广西师范大学出版社版的《图书编辑校对实用手册》和商务印书馆版的《现代汉语词典》两本工具书陪伴左右，身旁可请教的编辑老师寥寥无几，参加培训获得的知识大都集中于语言文字、知识把握和法律法规方面，难以形成框架，当然这中间也有我自己的懒惰。总之，尽管时刻兢兢业业，自认责任心足够，但终究像跛脚走路，留下的是一条弯曲的足迹。而这次《中国新闻出版广电报》适时开辟专栏《给青年编辑的十二封信》，震宁师长又倾情为之撰稿，于我而言不啻一种对自己先天不足、后天不够努力的弥补。而且，我还有一个想法，就是将这12封信推荐给领导，希望领导可以用它们来对所有编辑人员进行一次业务强化培训，尤其是对入职新人，可将其作为入职培训指南，而不是一味地纠缠在诸如“的、地、得”的辨析里，建立起框架再往里面填充内容也为时不晚。

最后，有一点不同的看法与震宁师长切磋一下。在开篇《写给新入行的编辑》中，您道出一个“秘密”：“做出版当编辑是发不了财的。”您这样讲，会不会吓跑一些即将入行或新入行的年轻编辑呢？（一笑）您在这12封信中也提到，编选《唐诗三百首》的清代蘅塘退士（孙洙）说过：“熟读唐诗三百首，不会吟诗也会吟。”做编辑也一样，不甘心只为他人作嫁衣，自己初试牛刀或长久坚持，结果写出名堂的大有人在，如徐则臣、彭学军等，虽不是发大财，但也是发了财的。既然求职谈薪酬是正常之事，那么当编辑求发财也无可非议，更不无可能。当然，我深度认同您说的，不可“过度看重在出版社的收入”！

今天是“五一”假期最后一天，明天又要上班了，就此打住吧。

顺颂

夏祺！

姜继飞（内蒙古文化出版社编辑）

2020年5月5日

读者反馈

尊敬的聂震宁理事长：

您好！

您写给青年编辑的十二封信陆续发表以来，在出版界受到了广泛关注，引起了热烈反响。一时间，编辑们个个自比“书同”，以“追”信为荣，以读信为乐，人人热议出版，共话情怀。作为著名文化学者、作家、出版家、编辑前辈，您既了解青年编辑的心声，也洞悉他们的烦恼。在十二封信中，从新人入职到书市调研，从编校基本功到与作者打交道，从出版情怀到社会担当，从学做选题到出版的艺术……您将自己三十多年来对编辑出版工作的认知、实践、思考和感悟融入字里行间，深入浅出，娓娓道来，令人如沐春风、茅塞顿开。这洋洋洒洒的三万六千言，是一部生动详尽的“编辑岗位说明书”，可以帮助青年编辑们少走弯路、顺利上手工作；又是一部科学实用的“编辑职业发展规划书”，能够引导青年编辑们正确树立职业理想，更快更好地成长和发展。

我社非常重视这次难得的学习机会，今年3月中旬便组织全社编辑开始认真学习您的十二封信和《出版力：精品出版50讲》一书，同时还要求从事出版工作不满三年的新编辑就学习十二封信的心得体会撰写一篇文章。近日，我们从六十余篇文章中选出了十二篇，计划7月中旬再召开一次学习交流会，让青年编辑畅谈学习与工作的感受。为了更好地激励、鼓舞编辑们，我们随信奉上十二篇文章，恳请您拨冗指导，如能回信或者录制一小段鼓励视频，将是众多编辑的荣幸，这也将作为我们学习交流会的一项重要内容，在此先行谢过！

感谢您一直以来对陕西师大出版总社的关怀与支持！疫情无情，出版有爱！待阴霾散去，请您莅临我社，陕西师大出版总社全体员工期待再次聆听您的教诲！

顺祝

夏祺！

陕西师范大学出版总社

2020年7月7日

编辑出版随笔

我们需要什么样的出版精神

出版业内，诸如市场、产业、集团，实力和竞争力，经营之道与市场运作，投资与资本经营……近几年来成了不折不扣的热门话题。中国加入世贸组织，经济纳入全球化轨道，出版产业必须做强做大，不讲实务当然不行。可是，出版精神讲得不够，却也是一个显而易见的事实。当资产和利润成了出版产业的刚性指标之后，关于出版的另一面——精神的那一面，推广思想、文学、艺术、知识的使命，坚守良好的职业精神，保持高尚的职业道德，服务于作者和读者，这些属于出版精神方面的丰富内容——似乎通常被浓缩到“社会效益”一词里，被很多文章一笔带过。这不免令人担忧。

现在，做企业管理的要讲企业精神，做市场流通的要讲商业精神，搞第三产业的要讲服务精神，搞艺术创作的要讲艺术精神。出版业作为内容产业，首先就是一种高度的精神活动，能不多谈谈出版精神吗?

出版精神的内涵很丰富，包括文化精神、科学精神、服务精神、商业精神、学习精神、职业精神和职业道德等。一个出版机构，被学者、作家们乃至读者们看重的最终还是出版精神。这正是那些大社名社的“大”和“名”的原因所在。

被周恩来称为“出版事业模范”的邹韬奋，把平常的出版工作看成是出版人职业的尊严、现代中国人生存的尊严、民族文化的尊严。他的经营理念和管理艺术，丝毫不亚于当今闻名世界的国际出版集团的CEO们。但是，在经营活动中，他始终如一坚守的是文化至上的原则，追求的是两个效益统一的目标。他写于1940年的名篇《事业性与商业性的问题》，对文化理想的弘扬和社会责任的强调，足以让今天的我们警醒、深思。

张元济以“昌明教育，开启民智”为宗旨，将商务印书馆从一个小小的印刷作坊引领上现代出版之路，建设成为一座现代出版重镇。在那个愚昧、落后、腐朽的社会里，他有许多划时代的创举：编写新式教科书、引进翻译西学名著，凭借文化启蒙的精神和社会责任的支撑和烛照，开启了我国现代出版业的历史。

20世纪70年代，钱钟书将《管锥编》的书稿托付给中华书局资深编辑周振甫。因为周振甫编辑出版过钱著《谈艺录》，二人成了莫逆之交。周振甫一如既往，严谨认真地编辑书稿，付出了巨大劳动。钱钟书在书的序言中感动地写道："命笔之时，数请益于周君振甫，小叩辄发大鸣，实归不负虚往，良朋嘉惠，并志简端。"周振甫以其十分纯粹的职业精神和职业道德，写就了出版界的一段传奇。

文化理想、文化精神、社会责任，是出版精神的主干，具体到从业过程中，职业精神和职业道德，则是出版精神的外化和具体化。出版者职业精神和职业道德的核心，就是诚信和服务。

兰登书屋创始人塞尔夫的出版理念是，"称职的出版家"必须为人们的全面需求做出贡献，因此他不仅成功地出版文学畅销书，也精心地出版"亏本的诗歌"。他不喜欢著名诗人埃兹拉·庞德，并发下毒誓绝不出版庞德的作品。这当然是他作为一个老板的权力，无可厚非，可后来受到文学界批评时，他居然能坦诚认错，这就很难得了。他是把出版当作一项事业来对待，表现为一种文化至上的精神和非常端正的职业道德。

19世纪俄国著名出版家绥青，与托尔斯泰等作家合作，长期为平民读者出版高质量、低售价的图书。他联络作家、组织编辑、选择插图、安排印制、四处推销，还要应付无理的处罚诉讼。但他一往无前，"把全部的热爱和精力一起

绥青著《为书籍的一生》(生活·读书·新知三联书店)

献给了这一事业”。我国约有八亿农民，可读之书甚少，是不是应当多出几个绥青呢?

美国出版界的编辑元老珀金斯永远把与作者一起完善作品看成是自己的天职。他最大的特点是毫无保留、毫不退让地帮助作者完善稿件。为了修改书稿，他经常和海明威等名作家争吵不休，自己戏称为“进行某种生死搏斗”。而我们的编辑呢，他们也是毫不退让，只不过是毫不退让地要作者抢时间、不改稿、争商机，主张粗制滥造，堪称“破坏创作”，相形之下，令人汗颜。

出版业正在进行改革发展、做强做大的宏大叙事，在为市场、营销、效益、利润这些必要的成果欢欣鼓舞之时，还应当大张旗鼓地弘扬出版精神。高尚的出版精神，是出版之本，是出版之魂，是出版之精要，是出版之所以能够受到高尚的人们尊重的缘由，是人类文明中宝贵的精神财富，是出版业得以健康发展的根本保证。

写于2007年2月

出版群星闪耀时

——《中国新闻出版广电报》“新中国六十年优秀出版人物”特刊寄语

为庆祝新中国成立60周年，全国评选出22位杰出出版家和100名优秀出版人物。出版业可谓一时群星闪耀。无疑，其中最为明亮耀眼的是22位杰出出版家，他们是新中国出版事业的奠基者、开创人。令我感到格外振奋的是，里面竟有10位杰出出版家曾经是中国出版集团公司所属成员单位的创始人或领军人物。

评选活动所褒扬的不仅是每一位杰出出版家及他们的辉煌业绩和历史性贡献，更重要的是杰出出版家群体集中反映出来的非凡的精神。这精神之所以称得上非凡，因为这是传承与弘扬人类文明和民族文化的精神，是创新与传播优秀文化的精神，是服务社会和大众的无私奉献的精神，是殚精竭虑、大力提高出版传播能力的精神。出版精神是出版事业之本，是出版人之魂，是出版业受到社会普遍尊重而为历史所永远铭记的深刻原因。

出版精神当然是丰富的。然而，集中到一个基本点上，还在于出版活动对于文化的贡献。新中国成立不久，人民文学出版社创始人冯雪峰既大力出版新创作的现实题材优秀长篇小说，也大胆出版中外古典文学名著。出版中外古典文学名著还需要大胆吗？这在当时确实是需要胆识的，所以堪称开新中国先河的出版行为。冯雪峰一句“古今中外”的出版宗旨，与其说是他为出版社规划的出版格局，毋宁说是为出版业奉献的闪光思想。商务印书馆的创始人张元济始终坚持出版为昌明教育的宗旨，有人以为他只是主张做教育出版，其实他一直认定：“盖出版之事业，可以提携多数国民，似比教育少数英才为尤要。”改革开放之初，商务印书馆领导陈翰伯、陈原等就提出要积极翻译出版世界学术名著，为解放思想、广泛吸收人类文明成果提供优秀的学术经典。同样在改革开放之初，姜椿芳四处奔走建言，吁请国家组织编纂出版中国的大百科全书，为建设先进文化提供更为丰富的科学文化知识。还有许多事例，在此不一一列举。总之，可以说，没有哪一位杰出出版家在文化上没有一番卓越的贡献。文化的贡献，是出版精神真的灵魂，是高尚的出版行为的出发点与归属。在文化体制改革不断深入、出版产业发展日新月异的今天，我以为有必要多谈一谈出版精神，因为这是我们出版人的灵

姜椿芳在审稿

魂。在市场经济大潮中，各种营销手段无所不用其极，经济效益时在念中，然而，我们仍然需要冰清玉洁的文化之魂，唯此方能促进出版产业更好更快、更加健康地发展。

我们坚信，文化建设，特别是传承优秀文化、建设先进文化，永远是我们的根，是我们的灵魂，是我们的精神归宿。前辈杰出出版家一直是我们的楷模。中国出版集团公司大厅里有一面墙，上面挂着数十位文化先贤的照片。集团公司九楼有一条历史长廊，长廊上矗立着一座座杰出出版家的铜像。我们每天都在大师们的目光注视下开始新一天的工作，每天都流连于大师们凝聚过无数心血的商务印书馆、中华书局、生活·读书·新知三联书店、人民文学出版社等知名出版机构，因此每天都能感受到大师们身上的出版精神和自己肩负的重大责任。

我们要坚持把以文化为宗旨的出版精神化入出版企业

的管理过程中。出版企业首先是一个文化机构，要把健康的企业文化建设放在企业发展的重要地位。我们要帮助员工树立职业目标、找到发展方向，要为他们提供不断成长的阶梯，要使他们真切地感受到文化从业者的尊严与荣誉，使他们真切地享受到从事文化行业的乐趣和幸福，同时，要让全体员工清楚地认识到，成功经营文化产品并且获得丰厚的经济效益，那该是多么美好的事情！

我们尤其要坚持以先进的管理理念来推动企业的全面创新。今天的人们决不可以认为老一辈出版家都是株守书斋的腐儒。事实上，杰出出版家都是一时创新的文化豪杰。暮气沉沉、墨守成规、自得其乐，如此种种行状，与杰出出版家无关。出版家必须时时在行动中。在文化改革发展过程中，我们埋怨老出版社的体制机制落后、领导思路阻塞、精神状态萎靡、企业没有活力，如此等等，都不是杰出出版家们所倡导的。新中国成立之初冯雪峰率先出版中外古典文学名著，改革开放启动之初商务印书馆大张旗鼓地出版“汉译世界学术名著丛书”，而《中国大百科全书》的编纂工作启动时几乎被怀疑是狄德罗启蒙主义的翻版，哪一个举措不需要创新与胆识！我们一直提倡建立鼓励创新、支持创新的企业文化，只有这样才能够培养出具有优秀品质、高尚精神的优秀人才，也只有这样才能真正发挥

《中国大百科全书》（中国大百科全书出版社）

一个文化企业的应有价值。

我们与前辈出版家事实上面对的具体问题也许并不是一回事。今天放言资本、股市、利润、多元化、战略等，在他们那时也许以为是天方夜谭；而他们那时津津有味地交流作品的创新，现在似乎也被一些出版企业家以为迂腐，以为来钱太慢。此一时彼一时，然而创新的意义是一致的。这时，人们要问，为什么今天还要来评选纪念这些先贤呢？很显然，我们要继承的是出版业最重要的精神内核——文化，因为近来太需要特别强调了；我们要发扬的是出版业必不可少的精神特征——创新，这在今天也还需要加大力度。总之，文化与创新，是杰出出版家不朽之精神，是出版业不朽之伟业。

什么是精品书？

自1994年初的全国新闻出版局长会议第一次提出“提高质量，多出精品”以后，“精品书”一词就成了出版业的热词。21世纪以来，“精品书”更是成为出版业的高频词。社会各界呼吁出版业要多出精品书，读者更是期待得到越来越多的精品书。出版业把多出精品书作为追求的目标，以至于各级出版行政管理部门经常组织制订精品出版规划，许多出版集团不断地去设计精品出版战略，只要还有一些理想抱负的出版社社长、总编辑就言必称要开发精品图书选题。

于是，你会问：到底什么是精品书？

细细一想，这个问题还不太好回答。

有人看到大部头的著作，特别是古今名人全集，或者某一个专题的套书、丛书、系列、大系、文库，动辄就是十几本、几十本、上百本，洋洋洒洒，蔚为壮观，通常的说法是“拿得出手”，想当然地认为这就是精品图书。其实，这些书大是大了，精品不精品还真不好说。清代的《四库全书》够大了吧，由大学者纪昀牵头，共有360多位高官、学人参加编撰，3 800多人抄写，用了10年时间编成，共收3 500多种书，7.9万卷，装订成3.6万册，约8亿字，基本上囊括了中国古代所有图书，所以敢称“全书”。因为这是乾隆皇帝亲自主持的“皇家工程”，所以全称为《钦定四库全书》。这种用举国之力打造的“皇家工程”，总该算得上是精品图书了吧？这还真不一定。在《四库全书》的编撰过程中，那些负责编撰的官员秉承朝廷旨意，篡改所收古籍，是尽人皆知的事实。他们对于反映民族矛盾、民族压迫的作品尽量摒弃和抽毁，对于不能不收录的名家名作则大肆篡改。鲁迅对此有过严厉的批评，他说：“乾隆朝的纂修《四库全书》，是许多人颂为一代之盛业的，但他们却不但捣乱了古书的格式，还修改了古人的文章……”还说“清人纂修《四库全书》而古书亡”。虽然也要肯定编撰《四库全书》的历史功绩，为后人保存了丰富的文献资料，着实不易，但是，通过捣乱古书格式、篡改古人文章而出版的古籍，总不好说是精品图书吧。

所以说，图书是不是精品，不在于书的规模大小。

有人猛然看到一部装帧设计精美、印刷品质精良的图书，就会连连称赞“精品精品”。这时候我们就要问他，你说的是书的装帧设计精美或者是印刷品质精良还是书的内容精到？我们不是遇到过有的获得过“最美的书”桂冠的图书被读者指认编校质量存在问题吗？不言自明，书的价值主要在于内容，如果见了外观印装精致的书就喊“精品”，恐怕一不小心就会闹出“金玉其外，败絮其中”的笑话。其实，“败絮其中”的书，越是“金玉其外”就越令人讨厌。

图书是不是精品，不能只看书的外观。

还有人说，是不是精品书应当让市场说了算，受到大众欢迎的好书才能称得上精品书，上了书业市场调查公司榜单的才能称得上精品书。可是，有的书一开始并不为大众理解，购买的人并不多，按说就不能称为精品了。然而，过了一些年，这些书的价值却被社会和广大读者认识到，从而成了热销书。譬如说鲁迅先生的著作，在民国时期，发行量远远不及当时的一些畅销书，可是，多少年后，鲁迅的作品成了中国人的必读书，销量陡增，你说这些书一开始是不是精品？

有人又反过来说，畅销书通俗易懂，往往不是精品书。其实，凡事不能一概而论。杨绛先生的回忆录《我们仨》，通俗易懂，十分畅销，可是也完全称得上是精品书。再譬如金庸的武侠小说，畅销不衰，我们能说其中像《神雕侠

“我们仨”：钱钟书、杨绛、钱瑗

侣》《天龙八部》等许多书就不是精品书？

有人说，学术书籍专业性强，一看书名就知道是精品。学术书籍有一些是精品，可单拿是不是学术书籍来判断一本书是不是精品，就免不了要犯望文生义的错误。搞学术就是精品，那搞创作就不是精品？搞儿童文学创作、做童书岂不就更成不了精品？那《爱丽丝漫游仙境》《小王子》《大林和小林》《阿丽思小姐》不是精品又是什么？

有人说，是不是精品书，有一个最简单的判断办法，那就是看能不能获得大奖。获大奖当然可以作为一个重要标准。获得国家和行业奖励的图书可以成为精品图书的候选，既然是候选，就还是不能一概而论。如果一概而论，说获奖书一定是精品书，我看也还未必。获得国际大奖的先不去说它。就说获得国内大奖的书，一般来说，获奖书都是好书，可是，是不是达到精品的标准就未必了。有的书获奖，内容质量并非一流，只是因为当下政治、经济、文化和社会发展需要有这样的书。综合性图书评奖，获奖名单需要具有各种门类的代表性，有的书就这样得以金榜题名。诸如此类情况时有所见，人们完全能够理解，坦然接受，至于那些书是不是精品，还得一书一议。

最后，有人说，得啦，是不是精品书，交给历史来检验吧！精品书应该是经得起历史检验的，是能够留存下来的好书。这个说法不错。可是，这样一来，也有问题，什么事都要交给后人来评说，那我们当代人岂不是太没有自主能力，太没有作为了吗？

其实，说起来，评价什么是精品书，也不是多大的难事。从我国出版界当前实际出发，我们不妨给精品书下一个定义：所谓精品书，就是有着一流的内容、一流的编辑、一流的校对、一流的印装、一流的推广、一流的评价的标志性图书。

写于2018年8月

为什么要做精品书？

这么多年来出版界都喜欢说“做精品书”，可是为什么要做精品书呢？好像大家并没有特别去讨论。

仔细一想，我发现，在社会上许多行业中，出版行业确实是经常谈论精品这个话题的行业之一。很多制造行业，他们对于产品品质的追求，谈得比较多的是品牌产品、名牌产品，还有就是优质品、合格品。这些提法虽然都是精品的近义词，可强调的内容各有侧重。譬如，品牌产品强调的是产品的影响力和标志性，名牌产品强调的是产品的知名度和代表性，优质品、合格品强调的是产品的质量标准。而精品，既包含了上面这些要求，还有一个特殊要求，那就是“精”的要求，也就是“多中选好、好中选优、优中选精”。通常情况下，精品是针对产品过多的现象提出来的。

那么，可不可以这么说，因为现在书出得太多了，所以才提出要做精品书的要求？

看来正是如此。大家不妨想一想，全国一年出书将近

50万种，其中新版书20多万种，当然，绝大多数图书都有各自的价值，有大树也有小草，有大江大河也有小河小溪，由此形成良好的出版生态和繁荣的文化生活。可是，我们也得承认，真正的精品还是少了一些。读者的时间有限，总是希望找到最值得读的好书。可是好书怎么找？进到书店，图书密密麻麻、拥挤不堪，一个个书架快要顶到天花板，读者能选得过来吗？这样一来，势必要求出版社、书店把精品书推荐出来。也就是在《什么是精品书？》一文中我说的那句话：社会各界呼吁出版业要多出精品书，读者更是期待得到越来越多的精品书。我还接着说了下面的话：各级出版行政管理部门经常组织制订精品出版规划，许多出版集团不断地去设计精品出版战略，一些有理想抱负的出版社社长、总编辑言必称要开发精品图书选题。可见，整个出版业都高度重视精品书的打造。

为什么高度重视？前面说的一番道理是根本原因。因为供求规律是市场经济的基本规律之一，有需求就有供给，有了有效供给就会激发更大的需求。那么，还有其他原因吗？

当然有。

出版社是一个企业，打造精品正是现代企业打造品牌、提高竞争力的基本路径。打造品牌的路数很多，例如形象塑造、社会表现、质量评价、诚信重诺、口碑相传等。这些都是打造品牌的策略手段，可是最重要的还是要靠名牌产品。我们之所以认得几个生产瑞士名牌手表、法国香水、德国名车的公司名称，主要不就是因为这些公司的名牌商品吗？前面说的那些打造品牌的策略手段固然很重要，可是对于品牌打造效果最好的还是名牌产品。名牌产品可以使企业闻名遐迩，名牌产品可以使企业无处不在，名牌产品可以使企业更具竞争力，名牌产品可以使用户直接受益。出版社坚持走精品路线，正是现代企业经营管理的必由之路。

也有人说，做精品书不过是出版社社长、总编辑的“面子工程”。其实，这句话如果不是牢骚也是一种短见。许多精品书不仅有面子，也有里子。精品书在经济效益上往往也是收益可观的图书。有的精品书一问世就畅销，这样的例子多得不能再多。20世纪初严复翻译的欧美学术名著，林纾翻译的外国文学名著，陈望道翻译的马克思主义著作，还有巴金、老舍等人的小说，新时期以来的“走向未来丛书”“走向世界丛书”“获诺贝尔文学奖作家丛书”，还有获茅盾文学奖的大多数作品，既是精品书也是畅销书，出版社自然是挣得盆满钵满。有的精品书在经济效益上虽然当时并不一定见效，可是，只要是真正的精品书，就会成为常销书，例如鲁迅的许多作品，出版之初并不是畅销书，可是直到现在还是常销书、必读书。再例如王国维、

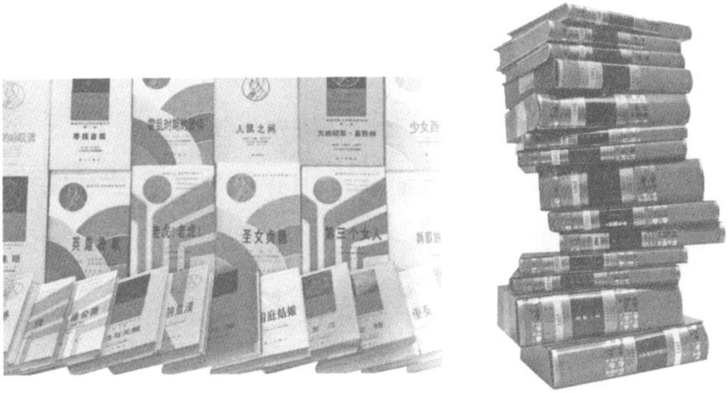

“获诺贝尔文学奖作家丛书”（漓江出版社）

梁启超、胡适、陈寅恪、钱钟书等这些学术名家的著作，又何尝不是图书市场上的常青树？

新时期以来，国家在出版业设立了各种国家级和行业内大奖，加上与出版相关的文学奖、科技进步奖，这些奖项已经成为评价出版社行业地位的重要指标，自然也是出版社品牌建设的主要内容。现在，有没有图书获奖，成了出版社社长、总编辑绕不过去的一次次大考，也是出版集团董事长、总裁述职时无法回避的内容，甚至是评价每个省市区出版行业强弱与否的重要指标。那么，什么书最接近获奖的机会？毋庸讳言，精品书！

21世纪以来，国家设立了深受出版行业关注的“国家出版基金”。许多出版社、出版集团以获得基金的资金扶持为重要荣誉，因为项目资金往往数额不菲，自然也就成为出版社的重要经济收益。出版社社长、总编辑为了国家出版基金项目的开发也算是处心积虑了。那么，什么书最容易获得基金扶持的机会？毋庸讳言，精品书！

21世纪以来，国家明确要求出版业要有更多产品“走出去”。十多年前，我国出版业的国际化程度不高，为了取得一点“走出去”的成绩，千方百计地去开发那些旅游、养生甚至是算命一类的书，满足某些外国出版商和读者的猎奇心理。可是，随着中华文化传播的力度不断加大，现在情况有了很大变化，全国每年都有数百种学术、文化、文史类著作和优秀文学作品版权输出到欧美发达国家。这些“走出去”的书籍，相当一部分可以称得上精品。这就是说，精品书正在成为中国出版“走出去”的通行证。

总的来说，我们之所以要打造精品书，是社会文化发展和图书市场经营的需要，也是出版企业打造品牌的需要，还是出版经营发展上的需要，同时，也是每一位出版人的光荣与梦想。一个有理想和抱负的出版人，他的理想往往要凭借一部或者几部精品书的成功得以实现，他的抱负往往要附丽于一部或者几部精品书上而无怨无悔，这是出版业打造精品书最根本的、不可或缺的内在冲动。

写于2018年8月

从经典案例看出版核心竞争力

引言

自从1990年美国学者普拉哈拉德和哈默尔首次提出核心竞争力的概念，近30年来，核心竞争力已然成为中外经营管理学界一个十分成熟的概念，使用频率很高，以至于有点儿被用俗用滥了的感觉。进入21世纪以来，出版产业化发展风生水起，短短十余年里，出版企业家、理论家大量引进产业经营管理界的理念、概念，把自20世纪初叶的泰勒式管理以来的经营管理概念几乎玩了一遍，核心竞争力也是这个时期被提到最多的概念之一。以至于，现在让我再来就核心竞争力写文章发表见解颇为作难，写不是，不写也不是，写则几乎是炒旧饭，不写则对编辑的邀约不够配合。不过，在学术讨论上，一个成熟的概念，即使被用得再俗再滥，只要这是一个绕不过去的问题，它就将永远在那里，在那里为许多新老事实作证。核心竞争力这个概念以及关于这个概念的内涵和外延的研究就是这样一种情况。

事实上，出版业的核心竞争力问题还是一个需要不断提及的重要问题。重要的问题要反复讲。问题在于怎么讲，讲什么。再把普拉哈拉德们的论述搬来拽一拽，做一回学术上的搬运工，不免令人生厌。其实，所有产业的核心竞争力问题，说到底都主要是一个实践问题。脱离产业实际，核心竞争力将无从谈起。为此，我决计从我国现代出版史以及当前出版实践中的若干经典案例谈起，努力从中揭示人文社科类出版的核心竞争力的若干特点，以就教于各位同行。

案例之一：开启民智昌明教育的张元济

张元济1902年进入商务印书馆，正值中国三千年未有之大变局，思想启蒙成一时之盛的晚清时期。他表示“昌明教育平生愿，故向书林努力来”。当时商务印书馆初建不过五年，一时还未明确发展方向。张元济的理想抱负，即“开启民智，昌明教育”，商务印书馆的核心竞争力和战略管理能力由此形成。

晚清时期，成百上千的新式学堂在全国各地成立。张元济决定组织编辑出版一套新式学堂的国文教科书。他邀约蔡元培、高梦旦等一干有识之士，参与到新式教科书的编写工作中来。1904年，商务版《最新初等小学国文教科书》出版，被全国各地的学堂广泛采用，发行总量一度占到全国教

《最新初等小学国文教科书》(商务印书馆)

科书市场的五分之四，翻印过三十几次，印刷总量超过一亿册，成为晚清时期教科书的范本。在张元济的擘画下，商务印书馆连续编写出版了从小学、中学到大学的全套教科书，为当时的教育事业做出了历史性贡献。

张元济主持的商务印书馆编辑出版事业，一直在努力根据时代的需要设计选题。当时学术文化思想西风东渐，人们急需读到更多外国学术和文学名著，张元济就组织翻译出版了《世界文库》，其中严复翻译的西学名著，像《天演论》《原富》等，林纾翻译的欧美小说，像《巴黎茶花女遗事》等，影响尤为广泛。

当时正处于提倡白话文的阶段，张元济就组织编辑出版了第一部白话文字典《新字典》。1912年，商务版《新字典》出版，那可是一件大事。《新字典》在辞书编纂方面具有划时代的意义，堪称自《康熙字典》之后近200年以来中国辞

《辞源》（商务印书馆）

书史上的一部具有里程碑性质的字典。紧接着，1915年，张元济组织编辑出版了中国第一部新式辞书《辞源》，开创了中国现代工具书出版的先河。《辞源》经过多次修订，2015年又出版了第三版，至今仍然是我国一部非常权威的语文工具书。

张元济之所以能成为我国出版史上的大出版家，与他在出版上的许多贡献是分不开的，而其中最重要的贡献就是紧随时代、合为时事的需要，组织出版了一批精品书，对国家和社会产生了历史性的影响。商务印书馆由此形成了自己“开启民智，昌明教育”的出版宗旨，凸显出核心竞争力的战略管理能力，这一传统传承百余年而不衰。

案例之二：创新思维竞争态势的陆费逵

陆费逵是中华书局的创始人。25岁时，他是从商务印书馆部门主任的岗位上脱离出来的。由于痛感商务印书馆在辛亥革命中偏于保守的态度，他决计以创新的思维去开创新的出版事业。

陆费逵当时盯准了商务印书馆原先那套封面印有清朝龙旗的新式学堂国文教科书，决定要以竞争的态势迅速做出中华书局的新式教科书。

民国政府成立后即把新教科书编写提上日程。当时的教育部于1912年1月19日通令全国执行的《普通教育暂行办法》中就包括新课本大纲。商务印书馆由于对辛亥革命后的形势判断明显不足，因而行动迟缓，仓库里存放的教科书内容上不符合共和思想，绝无可能发行。按照新课本大纲编写的新教科书直到1912年五六月才编好，匆忙应变，商机已失。这个时候中华书局版《中华教科书》早就进入春季开学的中小学课堂。《中华教科书》由于内容适合当时的共和政体而大受欢迎。民国初年，《中华教科书》几乎独占市场，既满足了当时教育改革的需要，也为中华书局日后的发展奠定了基础。

中华书局一开局就选择商务印书馆作为竞争对手，这也就注定了它将以创新的思维、竞争的态势来开发项目。商务

《辞海》(中华书局)

出《新字典》，中华就推《中华大字典》；商务出《辞源》，中华就推《辞海》；你印《四部丛刊》，我就出《四部备要》；你有《东方杂志》《教育杂志》，我则创办《中华教育界》《大中华》。

商务印书馆1915年出版《辞源》，中华书局也启动《辞海》的编纂工作。中华书局编纂《辞海》，可不是照着《辞源》来做山寨版，而是另辟蹊径，争取后来者居上。《辞源》的主要特色是侧重古汉语词语的溯源及演变，是一部阅读古籍用的工具书和古典研究工作者的参考书。《辞海》的主要特色却是介绍一般语词和现代百科语词的基本知识，满足当时社会思想启蒙的需要，适用于各行各业的普通读者。《辞源》重古，《辞海》厚今；《辞源》专深，《辞海》广博，各自适应了不同读者的需求。这也就是两部辞书的魅力所在。尽管编纂启动时间上《辞海》晚于《辞源》许多，可上市后备受认可。直到现在，《辞源》和《辞海》都还是我国最具权威地位的两部辞书，各自发挥着不同的作用。

在中国现代出版史上，商务印书馆确实是筚路蓝缕的开创者，而中华书局的基本策略则是创新思维、竞争态势。开创者要有眼光，创新竞争者也要有眼光，后者的眼光更要独特一些，要善于发现、选择适当的竞争目标，要善于建立持续创新的后发优势，由此而打造成为出版企业核心竞争力的创新能力。

案例之三：用精神和品德团结作者的邹韬奋

一个出版企业，要形成自己的核心竞争力，有两条经验十分重要：一要竭诚为读者服务，二要团结一大批优秀的作者。这正是我国现代出版史上又一位大出版家邹韬奋的重要经验。

邹韬奋1926年才正式进入出版业，比起当时声名显赫的张元济、陆费逵，他只不过是一个出道不久的大学生，接办的《生活》周刊正处在起步阶段，生活书店更是六年后才白手起家。这个时候，要形成自己的核心竞争力，谈何容易！

说容易其实也容易。也就是五年时光，《生活》周刊发行量当时跃升为全国杂志第一。生活书店1932年创办，不到五年，出版杂志10种，年出版图书300多种。许多杂志可以称得上是当时的名刊。其中有鲁迅主持、黄源主编的《译文》杂志，有茅盾主持、傅东华主编的《文学》杂志，还有陈望道主编的《太白》、郑振铎主编的《世界文库》。生活书店的这些杂志在两年多时间里发表过鲁迅专稿79篇，其中还有鲁迅翻译的俄国作家果戈理的长篇小说《死魂灵》20多万字。大名鼎鼎的大作家鲁迅能够在这么短的时间内在生活书店发表出版这么多作品，这对其他出版机构而言完全是可望而不可即的。生活书店一直保持着对鲁迅、茅盾等著名作家的尊重，因而形成了一般出版机构不可比肩的核心竞争力。

邹韬奋领导的生活书店，其出版风格是坚持时代精神，永远立于大众立场，这就需要更多活跃在社会各界的作家、学者。粗略统计，当时长期为书店提供作品的著名作家主要有鲁迅、茅盾、夏衍、胡愈之、郑振铎、傅东华、陈望道、黄源、沈启宇、沙千里、徐步、史枚、徐懋庸、张庚、章乃器、夏征农、李公朴、沈志远、戈公权、戈宝权、艾思奇、柳湜、胡绳、薛暮桥、胡仲持、羊枣、沈从文、巴金、郁达夫、叶圣陶、老舍、张天翼、王任叔（巴人）、黎烈文、端木蕻良等。可以说，这个强大的作者群中的作者，都与邹韬奋交往多年，其中许多人与邹韬奋称得上是志同道合的文坛挚友。

出版者和作者，可谓唇齿相依。从作品产生的过程来看，作者自然地处于出版的前端，具有写作的主动性，可是从书刊出版的过程来看，出版者又掌握着经营的主导权。这二者间有一个协调互助的问题。当时，不少作者靠卖文为生，平时没有固定工资收入，生活境况十分窘迫。邹韬奋的生活书店对作者的生活境况十分理解，凡作者有求，则书店必应，杜绝发生店大欺客，让作者苦等稿酬以至于生活难以为继的窘境。李公朴和王光祈在国外留学时经济状况非常窘迫，他们的稿子一旦寄到《生活》周刊，只要主编认为可用，尽管还未刊出，杂志社就赶快先把稿费汇出。他们为此一直都很感激邹韬奋的照顾。有了诸如此类重情义的合作，出版机构的口碑自然会越来越好，很多作者势必会成为出版机构更加稳固的合作伙伴。

由于拥有那么多稳固合作的优秀作者，生活书店不出版精品书都不可能。在20世纪30年代，生活书店就出版过许多有价值的图书。例如“世界学术名著译丛”“青年自学丛书”“抗日救亡文丛”以及邹韬奋、杜重远、沙千里、章乃器、胡乔木、张友渔等所写的“政论集”，还有政治、经济、军事、外交、文化教育、历史地理、科学技术等各类著作，在当时都具有相当的影响力。生活书店的文艺图书也深受当时青年读者的欢迎。

“用精神和品德团结作者”，这是作家夏衍赞誉邹韬奋出版成就的名言。邹韬奋之所以能够在不长的时间里把刊物和出版社发展成为名刊、名社，除了人们所熟知的“竭诚为读者服务”，再就是“用精神和品德团结作者”，由此形成了生活书店核心竞争力的生产组织能力和人力资源管理能力。

案例之四：数十年积累成功打造著名丛书

出版业历来高度重视自己的资源积累。一个出版社，由于有了长期的专业坚守和资源积累，加之后来人善于审时度势，创新开发，往往由此而形成自己做成大书、套书的核心竞争力。

20世纪80年代初期开始出版的“汉译世界学术名著丛书”，之所以能够在改革开放新时期很快面世，与商务印书馆长期的专业坚守和资源积累是分不开的。

早在1929年，张元济主政的商务印书馆就开始汇聚出版“汉译世界学术名著丛书”，到1933年共出版了200多种。新中国成立后，1958年中央确定商务印书馆的出版任务是“以翻译外国的哲学、社会科学方面的学术著作为主，并出版中外文的语文辞书”，到1966年时，商务印书馆翻译出版的西方学术名著就有500多种。后来由于“文革”等政治上的种种变故中断出版10余年。进入改革开放新时期，译介世界学术名著的计划重新提到出版日程上来，现在这套丛书已经出版到700种之多。应当说，商务印书馆的“汉译世界学术名著丛书”之所以展现出如此巨大的规模，应当从1929年算起，有了近90年的积累，这才有了后来的辉煌。

下面再说一个坚持积累50年成就一套经典丛书的案例。

这套丛书是人民文学出版社的“语文新课标必读丛书”。

这套丛书是我在担任人民文学出版社社长时，在2000年主持策划出版的，因为“双效”俱佳，经久不衰，被业内人士认为是我担任社长时的业绩之一。其实，我以为，这套丛书取得成功有许多因素，可其中有一个因素大家谈得比较少，那就是人民文学出版社对古今中外文学名著出版的坚守和对资源积累的重视。倘若没有这一因素，这套丛书的策划出版将成为无源之水，无本之木。

早在1951年3月人民文学出版社成立之初，第一任社长、著名文艺理论家、作家冯雪峰就为出版社确定了出版发展理念，即“古今中外，提高为主”。数十年来，人民文学出版社就是按照这个理念去开展文学出版业务，以至于成为我国文学出版上“古今中外”全面协调发展、规模最大的文学专业出版机构。数十年的文学出版，人民文学出版社积累了大量“古今中外”名著。这样一来，当2000年3月教育部新修订的中学语文教学大纲第一次明确指定中学生课外文学名著必读书目30种时，人民文学出版社居然拥有在版书目26种，其中还有相当数量的专有出版权。由于出版社的精心

“语文新课标必读丛书”（人民文学出版社）

经营和多重开发，这套丛书现在已经扩展到70种，一直被教育界许多专家认为是最受中学生欢迎的课外阅读精品丛书。人民文学出版社之所以拥有这么雄厚的出版实力，实在有赖于数十年来对出版理念的坚守和资源的持续积累、创新、开发，以及由此形成的企业核心竞争力中的资源管理能力。

案例之五：“一部超级畅销书”的全程营销

“一部超级畅销书”指的是《哈利·波特》，这是国际书业对此书的美誉。此书的中文简体字版在我国也取得了超乎预料的成功，故而统一称为超级畅销书。

而这部超级畅销书在我国取得的成功，很大程度上要归功于出版社的全程营销。

2000年初，我在人民文学出版社任社长，直接主持了《哈利·波特》中文简体字版的版权引进和出版工作。一开始我就要求版权引进要在保密状态下进行，目的是减少竞争对手，同时要求编辑室立刻启动翻译工作。编辑说如果买不到版权岂不白费了翻译费。我说从版权购进到组织翻译出版，中间间隔时间太长并不利于图书的后续宣传和营销，提前翻译就算是风险投资吧。后来事实证明，《哈利·波特》前3册能够在当年8月签署协议，9月底出版上市，近70万字的文字翻译和编辑工作可谓神速，提前启动翻译的营销决策起到了重要作用。

2000年7月，我国新闻媒体忽然纷纷在炒作《哈利·波特》"版权引进大战"的新闻，据说我国有10个以上的出版社在竞争这本书的版权。业内许多人在猜测到底花落谁家，大多数的猜测都是少儿出版社会胜出。而事实上，人民文学出版社与英方已经进入书面协议条款的商定阶段。我要求，这件事必须成为绝密信息。我的理由是，一个新产品在投放市场之前，如果能引起社会广泛的注意，进而引发顾客强烈的兴趣和购买的欲望，固然是再好不过的了，但是这个新产品如果不能接踵上市，就会形成此前信息的走失和市场销售的落空。一旦版权之争揭晓，那些注意和兴趣就会逐步消失，阅读的欲望会减弱，岂不可惜！所以能顶住一天也是好的。直到8月26日英方把协议寄回到北京，这时出版社意识到不好再回避记者的追问了，于是将计就计，在8月的最后一天举行了一个比较隆重的版权引进新闻发布会。这时距离

《哈利·波特》版权引进新闻发布会

图书出版只剩下一个月的时间，关于《哈利·波特》的话题能够与图书上市的新闻热议衔接上了。

当然，关于《哈利·波特》全程营销的内容还有很多，譬如，如何装帧设计，如何防盗版，如何安全印制，使用什么特殊材料，举行什么样的首发仪式，销售时将会赠送什么样的礼品，等等。对这些内容出版社都做了精心设计，向媒体做了适当的披露，帮助记者们做成文章。

为了《哈利·波特》的上市营销，人民文学出版社直接与各省市销售代理商紧密合作，在京召开专题订货会，邀请各地重要的批发商参会，要求每一家批发商拿出一个相对完整的促销方案，既算是最后确定合作伙伴的规定，也是为了集思广益，便于后续配合。会上确定《哈利·波特》要全国同时首发。早在9月底，我们就通过媒体发布新闻：中国的少年儿童期待已久的《哈利·波特》定于2000年10月6日上午10时整在全国各大中城市同时开始销售。“全国同时首发”形成了社会和广大读者的期待心理，在北京等一些城市造成了国庆节书市的热点。

出版社保持后续新闻不断，让首发式的信息持续发挥作用。据不完全统计，首发后的10天里，各种媒体有关《哈利·波特》的各种报道多达100余篇，中央电视台、教育电视台、北京电视台都做了现场报道，中央电视台《东方时空》改版后的《世界》栏目第一期就用了大量时间介绍《哈利·波特》，并选用了首发仪式的许多现场视频资料。后续大规模的新闻报道实现了首发仪式的效益最大化。

作为一部引进版畅销图书，往往需要发动一定程度的深度促销，向广大读者提供相关权威专家的肯定性意见。出版社在北京、上海、长沙等地召开了儿童文学作家、文学评论家、教育专家、中学特级教师等出席的《哈利·波特》研讨会，请专家们来说话，以此打动真正能做出购书决定的父母们。此外，出版社还主动协助中国电影业做出决定，引进《哈利·波特》好莱坞大片，协助中央电视台《读书时间》栏目就《哈利·波特》展开讨论，还与一些儿童文学刊物举行《哈利·波特》读书征文活动，等等。凡此种种，无不具有营销意义上的促销作用。

《哈利·波特》中文简体字版的全程营销，为人民文学出版社赢得了良好的“双效”。更重要的是，人民文学出版社从这一案例中形成了以后开展营销的基本思路，形成了出版社核心竞争力中的营销能力。

结 语

普拉哈拉德和哈默尔首次提出核心竞争力的概念时，即认为核心竞争力是企业能够进入不同的市场而扩大经营的能力，而且认为核心竞争力可以使竞争对手难以复制和模仿，核心竞争力应该包括高效率的机制、高水平的资源获取及整合协调能力，能够开拓创新、可持续发展并获得竞争优势的能力。然而，在核心竞争力后来的研究中，许多研究者惯于对核心竞争力包含的多种要素进行条分缕析，甚至分别列出每一要素的权重比例。而事实上，作为企业经营者，要想照着这样的研究结果按图索骥去逐项解决，从而把企业做大做强，似乎还不曾有过这样的先例。

上面讲述的五个案例，倘若要把它们分门别类确认为属于出版业核心竞争力的哪一种或哪几种要素是困难的。开启民智昌明教育的张元济，其成功之处在于战略管理，可也存在明显的创新因素。陆费逵的创新思维竞争态势，同样具有很强的战略管理能力。邹韬奋团结作者、协同做好出版事业的事实，看似体现了他的生产组织能力，却也体现了他重视人力资源的特点。至于出版专业坚守与资源积累、全程营销等案例，虽然体现了核心竞争力中的资源积累状况、生产营销能力，却又何曾脱离得了战略管理、创新能力、生产组织能力和人力资源管理。这就让我们得到两个方面的启示：一、出版企业的核心竞争力是一个整体性存在，单一要素的着力解决未必能从整体上提升出版产品生产经营的核心竞争力；二、每一出版企业为了完成自身的使命责任和实现发展目标的需要，在一定阶段着力突出核心竞争力中某一方面的能力，实行差异化竞争，从而在行业里实现各具特色的发展。事实上这才是事物本来存在的整体性和特殊性规律。人文社科类的出版企业，由于专业的综合性特点，也许在整体性方面表现得更为突出吧。

写于2018年3月

编辑初步

1

出版社采用的书稿可以不是经过编辑的策划而来，但必定是经过编辑的审读得以确认，甚至是披沙拣金得以发现而来的，必定要经过编辑的案头加工以及书籍整体形态设计方可成其为出版物。无论那书稿是怎样的稀世之珍，稀世之珍离不开抱璞之人，审读的编辑便要随时准备立抱璞之功；无论那作者是何等的智者，“智者千虑，必有一失”，加工的编辑便要随时准备做好智者的一字之师。作者写作时的表述激情不免会造成文字的某些疏漏，作者学识功底总有参差，有的作者在表达上为了追求创新而矫枉过正，于是在书稿总体质量被认可的前提之下，某些必不可少的细节性纠错工作就要由编辑来承担了。

一个编辑，由于先天和后天的原因，可以不善于通过捕捉图书市场的信息来提出选题，可以不善于通过把握社会和专业的格局来设计选题，可以不善于交际而拙笨于组稿，可以不善于创作而无力指导作者，但他必须学会审读以取舍书稿，必须学会编辑加工以完善书稿。此为编辑之初步，人们常说的编辑基本功，首先是指这方面的功底。

2

已经不止一次地听到书稿无一人通读便已付印成书的故事，也不止一次地听到一本书由于一点疏漏（或曰错误）引发一次社会动乱的消息。前车之辙，难道在某些编辑那里竟然不足为鉴？1997年国务院总理签署的第一个“国务院令”就是《出版管理条例》，其中对出版物内容的一系列规定，难道在某些编辑那里竟然事不关己？即使是一部纯专业学术内容的书稿，不读何以见得必定无误？不读何以判断其出版价值？以某些编辑之昏昏，而不怕天下人之昭昭，实在是咄咄怪事。

3

想起了恩格斯。

恩格斯批评斐·拉萨尔的剧本《济金根》。他仔细阅读了剧本原作，并且是不止一遍，而是看了四遍，还表示了“很想读一读舞台脚本”的愿望。读过四遍之后，他并不匆忙地把对《济金根》的评价告诉作者，而是非常谨慎、非常谦逊地说："我的判断能力，由于这样久没有运用，已经变得迟钝了，所以需要比较长的时间，我才能发表自己的意见。"

也许我们的编辑的判断力都出奇地不迟钝，那么，对一部作品，伟大的恩格斯需要看过四遍才能发表自己的意见，"不迟钝的"我们是不是也要看上两遍，或者起码一遍？

起码，认真读稿——这是编辑的初步。

4

想起了周振甫。

1942年，钱钟书《谈艺录》书稿写成。由于时局动乱，图书资料难以寻觅，钱氏只能凭记忆和平时所做的札记，以及前辈、时人为他"录文相邮"提供一些资料。开明书店决定出版此书，由年轻的周振甫先生担任责任编辑。周编辑一一核校原文，并给每篇标定目次，以便读者翻检，其严谨认真的态度使钱钟书深为感动。钱氏于该书后来的补订本《引言》中记道："审定全稿者，为周君振甫。当时原书付印，君实理董之，余始得与定交。"

1975年，钱钟书《管锥编》书稿写成，送给因出版《谈艺录》而结成莫逆之交的周振甫审读。周编辑照例把书中引文逐一与原文核对，对全书提出了一些补充材料和修

《谈艺录》(中华书局)

改建议。钱氏充分吸收了周氏的意见，于此书的序言中感激道："命笔之时，数请益于周君振甫，小叩辄发大鸣，实归不负虚往，良朋嘉惠，并志简端。"

这，就是编辑。这就是值得学者、作家尊敬的编辑，这就是与教授、研究员比肩而丝毫不惭愧的编审。

可惜而今这样的编辑太少太少，以至于我们常常想起周振甫，寻找周振甫。

至少，从认真编稿做起，"君实理董之"——这是编辑的初步。

5

还想起了美国著名的文学编辑珀金斯。

1910年，年轻人珀金斯只是美国查尔斯·斯克里布纳父子出版公司广告部的一名雇员。这家出版社拥有文学顾问布劳内尔，他是一位被美国艺术与文学院选入50位杰出文化名人行列的文学权威。在出版社里，他是令许多作家十分敬畏而又无奈的文学判官，其所作所为，似乎就是要让作家感到进入出版社如同进入教堂一般，而他则要成为这座教堂里的“教主”。后来，当珀金斯不耐烦做广告业务员而成为一名年轻编辑之后，他们之间的冲突开始了。珀金斯认为编辑工作最有意义的是发现，要尽一切可能来挖掘、塑造作者的才华，“不让作者在绝望中轻易放弃”（托马斯·沃尔夫语）。而布劳内尔要做的只是固执己见和挑剔，如教主一般地对作者进行训诫。后来，珀金斯的满怀热情终于有了回报，他坚持买下了刚出道的菲茨杰拉德的处女作版权，展开了与海明威、托马斯·沃尔夫、拉德纳等知名作家的合作，这种合作对于他们后来成为大作家是至关重要的。为此，珀金斯至今还被美国文学界、出版界称为“英雄式的编辑”（阿伦森语）和编辑史一个时代的开始，达到了谈编辑史不可不谈珀金斯的地步，如同谈航空简史不谈莱特兄弟则荒谬一样。而吓人的、不可一世的“教主”布劳内尔而今安在哉？

发现与选择——这是编辑的初步。

6

上述几个故事都过于高蹈，有神话之感，非常人可以企及。众多的编辑不可能都如此幸运地遇上这样的作者。现实是，我们看到的通常是粗制滥造的作品，它们常常成为出版社的鸡肋，迫使我们在痛苦之后仍然要为它们的出版付出巨大的劳动。很少听到作家反复修改作品的故事了，托尔斯泰为《复活》的开头数易其稿看来已经不足为训，倒是时常听到某个作家年产几部长篇的“神话”。语言垃圾随处抛洒，文风粗鄙而俗不可耐，叙述毫无节制。有些人写作时只有一个目标——畅销；写作后只有一件事要做——催促出版社炒作；听说编辑要谈修改意见，第一反应则是疑惑——“现在还有这么麻烦的出版社？”可是，当编辑、作者都有了追求完美的愿望，愿意再改一遍时，出版社营销人员的反应又往往是担忧：“千万别错过销售良机！”总之是世风浮躁，业内风气自然也浮躁。而文字工作，偏偏又是最浮躁不得的。

日本企业内把人分为四种：第一种人是“全人”，领导人是也；第二种人是“怪人”，奇思妙想战略设计人员是也；第三种人是“活人”，营销、策划、公关人员要的就是一个“活”字；第四种人竟被称为“死人”，很难听，但企业家们认为是企业成功的最终保证，那就是大批勤勤恳恳、一丝不苟工作的普通员工。有研究者指出，中国过去缺的是第一、二、三种人，现在最缺乏的就是第四种人。

编辑初步，就是首先得把“死人”做好。

编辑初步，便是不能浮躁。

7

编辑的职业道德无时不在经受拷问。

且不说那些违反国家政策、法规以及不利于国家利益、社会安定、民族团结的出版物会受到批评、处理，且不说那些八股盛行、空话连篇、欺瞒人民的出版物最终要被人民和历史所抛弃，且不说那些内容荒唐无聊、格调庸俗低下的出版物会被世人所唾弃，且不说那些错漏百出的出版物误人子弟、令人恶心，也且不说出版物有一分好却被膨化成十分佳绩，搞虚假宣传会招致耻笑，这些行为违反了编辑的职业道德。而身为编辑，不去发现好作品，不去选择佳作，草菅作品甚至是作家的命运，同样也是违反编辑职业道德的。可是，在一些出版社里，对此类行为，大家似乎熟视无睹。

编辑的初步，是坚守编辑的职业道德。

8

自然，编辑自有编辑一法。编辑的恪尽职守，从另一个方面来说，还必须恪守界限，否则过犹不及。现代社会，一切人的责任都必须有界限。

对一部书稿，为了尊重作者独立见解，尽量不改，为了尊重事实与共识，却又不能不改；为了尊重作者风格，尽量不改，为了有利读者理解，却又不能不改；文法在好与不好之间，尽量不改，而在通与不通、对与不对之时，不能不改。一切应以知识为依据，以著作权法为准绳。倘若书稿有违碍国家宪法和政策法令之处，窃以为也不可越俎代庖强加修改，可以不出，也可指出问题退还作者处理之后再议。编辑还要学会退稿，学会退名家、大家的稿件。要退得有理有据，退得有独到见地，退得入情入理，退得十分礼貌，退得让人服气——即便当时脸上挂不住，多少年后自有中肯评价。

编辑的初步是要有所坚持，而又坚持有度。

9

编辑的初步，是要改正错字——似乎无须为此再费唇舌，这是那种“饭是可以吃的”一样的道理。

然而，基本的道理却经常被忘记。譬如，遵守交通规则，也是基本的道理，可是，中国每一座城市的交通违规罚款收入数目都很可观。

现在，文字差错也是到了触目惊心的地步。1996年新闻出版署抽查全国35家地方出版社的35种图书的编校质量，结果是，只有一种图书为优秀品（漓江版《少年维特之烦恼》)，有18种图书因质量不合格分别被处以返工，有10种图书因质量严重不合格被处以罚没利润和销毁存书。近日报载，长沙市发生购书者因图书差错率超过国家标准而向书店、出版社索赔的诉讼案。一些内容质量相当优秀的图书，因为编校质量不合格，参评国家图书奖“出师未捷身先死”。图书评不上奖也就罢了，可是误人子弟实在是昧了良心，编辑者道德何在？就此一端，我曾经想过，像1996年那样的抽查和处理，实在应当形成制度，经常执行才是。政府主管部门不管此事，谁管？

10

国家语言研究专家撰文指出，现在是新中国成立以来的第三个汉语言混乱时期。第一个时期是新中国成立之初，那是新旧社会语言的改造期；第二个是“文革”时期，帮气十足的语言泛滥，让专家们目瞪口呆；而眼下则是改革开放，语言也就符合逻辑地改革开放，兼之媒体猛增，发稿量加大，信息泛滥，外来语增多，故此规范的难度更大。

自然，当此情势之下，编辑的责任愈发重大。

首先是语言的常识性错误太多。譬如，“黄埔军校”办成了“黄浦军校”，“铤而走险”走到了“挺而走险”，“狙击手”变成“阻击手”，“床笫之欢”竟成“床第之欢”，“株洲”而为“株州”，“兖州”又成“衮州”，等等。

再就是语言修辞的粗糙混乱。譬如，“宁馨儿”乃“赞美孩子的话”，却被作家写成“一种芬芳、宁馨的呼吸”“闪动着宁馨的光”；只知有“白发苍苍”，今日却见“白发鬓鬓”。至于“待到理想化宏图”，难道宏图不是理想吗？“向母亲举案齐眉地捧上茶碗”，是不是表错情了？

至于连篇错字，就像是一只只苍蝇趴在书页上，令人恶心。“周总理”成了“周经理”，“包公”居然是“色公”，“碰头会”变成了“砸头会”，“暧昧”成“暖昧”，“宝贝”成“宝具”，直让人哭笑不得；而“乌鲁木齐”加了一点印成了“鸟鲁木齐”，结果日本企业定制的面粉袋作废，中方厂家损失16万元，直叫经理心疼不已。

11

然而，语言总是处于流变状态之中的。语言附着于人类社会生活之上，是生活内容的一部分，而人类社会生活的发展变化是必然的，语言也就不可能不有所变化。所谓代有时文，不仅指内容，也包括语言文字在内。一个开放的、具有包容性的社会尤其如此。编辑者对待书稿决不可食古不化，在语言文字上也就不能作茧自缚。譬如，按照我们所遵循的文法，名词不可用副词修饰，现在却有了“很青春”“很港台”“太专业”“太欧美”等，时间长了，也就约定俗成了。至于新词语就更多，先有了“策划”，已经觉得有点别扭，现在又来了“企划”，更别扭；大陆人刚掌握了“软件”，台湾人却说那是“软体”；“克隆”“光盘”“受众”这些新词渐渐也就不需要加引号了。

与社会生活同步，为民族语言文字的丰富和创新做贡献，也是编辑的初步。

12

一部图书，可能出问题的地方还不止是书稿。

图书附件出错。某大社的一本好书，目录上有前言，书中却找不到前言，我翻查了两遍，“两处茫茫皆不见”，看着这个名社大社赫然在目的社名，我也只能欲说还休。又有一大社的一本好书，作者文笔很好，后记也值得一读，结果也读出错来：作者诚挚感谢的出版社竟然是另一家。张冠李戴，其中自有曲折原委，遗憾的是编辑竟然未能发现。至于图随文走，忽然某图又随了别人；注释为脚注，却又跑到下一页的脚下，此类“移情别恋”的故事时有发生。更有甚者，作者姓名弄错，麻烦可就太大了。想作者青灯黄卷十载、皓首穷经半生，及至终于刻下一部传世大作，著作者竟成了他人，不亦苦乎！出版社不亦愧悔乎，不亦赔偿乎！

图书附件残缺。本书简介、内容介绍、出版说明、出版前言、本书提要，均属图书提要一类，应当是十分讲究的，原则上是不可少的，其作用是帮助读者“即类求书，因书究学”，其重要性并不亚于图书广告促销。不知道为什么，近来忽然注意读图书所附提要，得出一个印象，写得好的不多，缺少此一附件的图书也不少。不知道一些编辑同仁为何如此轻视此一大事！

将图书所有附件完备地处理好，也是编辑的初步。

13

有专家提出对编辑的五点要求，所谓“有识有度，又博又专，能入能出，不卑不亢，边干边学”。五点要求虽然简单，却颇有内涵，在此试做一点理解和升华。

有识有度——“世事洞明皆学问，人情练达即文章”，见识不能没有，凡事更不能无度，因为编辑是一种社会性的文化职业，社会永远是要讲究有识有度的。

又博又专——学识既要广博，还要学有专长，方可能于编稿时“非如观世音之具千手千眼不可”(钱钟书赞周振甫语)，完成好这种共时性的智力劳动。

能入能出——入则理解作者，出则关照读者，时为假想作者，时为假想读者，时而领会书稿，时而挑剔杰作。

不卑不亢——既不匍匐于作者脚下，也不朱笔乱批他人文章，中国编辑十多年前最喜欢改人文章，十多年后的今天似乎又太不注意编改文章，一切过犹不及。

边干边学——学也无涯，知也无涯。不能等到学好了才去实践，无涯者什么时候能说学好了呢？自然要不断学习，边干边学，编学相长。

以上数点倘能做到，一个优秀编辑也就几近修养成熟了。

14

编辑者，倘要做好编辑初步，自然要加强自身修养。思想政治修养上要做一个明白人，职业道德修养上要做一个正直人，专业学识修养上要做一个博古通今的人，语言文字修养上要做一个谨小慎微的人。

编辑者，当从编辑初步做起；编辑者，永远不能放弃编辑的初步。如此，方能成为出版社信誉的基本保证，出版社的良心所在，好作者的最佳配角，优秀作品的助产士，广大读者利益的捍卫者，民族文字的守护神，优秀文化的建设者。

写于1997年1月

一本书主义与一本书运动

“一本书主义”，如今已经难得有人提起；“一本书运动”则是本人的杜撰，拿来和各位编辑出版同仁讨论。

想起还在不更事的少年时代，很是谈“一本书主义”色变的。回想起来，既因为这是所谓“大右派作家”丁玲的“右派言论”，很吓人，也因为那时候社会出版物数量很少，一个人能出一本书，也是很吓人的。我们这个民族，自来是把文章当作千古事，当作经天纬地、经国纬业之事，把白纸黑字看成是铁证如山。其时，某人出版一本书，在普通人眼里那就是惊天动地的传奇故事了。所以，在我这个做着作家梦的少年心里，竟然对“一本书主义”产生过十分谨慎的、暗暗的景仰。

现今大家都不怎么说“一本书主义”了，无非是出书已经成了平常之事，还把一本书当成一生追求的主义，说出来当心人家耻笑，小看你了。文化生产力极大提高，学术自由，文艺繁荣，教育兴旺，知识普及，出版事业和出版产业大发展，多出好书，首先总是社会进步的大好事；作者要生存，经济收入要改善，不能只指望一本书的稿费，自然要多写快出，也是没有办法的事；至于出版社，关乎事业的发展壮大，关乎几十人上百人的生计，总要保持相当的生产经营规模的。所以，“一本书主义”，似乎不太好强调了。

然而，许多书出得太容易、太轻易、太随意、太泛滥、太算不得什么东西，又不免让人遗憾、厌倦。不少读书人不愿进书店了，害上了阅读厌食症。泥沙俱下，鱼龙混杂，良莠莫辨，真书假书难分，甚至劣币驱逐良币，黄钟毁弃，瓦釜雷鸣，大量的书速朽。在如此情势之下，再说什么一本书，显得也过于不谙时世了，更不必说还撑成个什么主义。

但是，我加倍地怀念起“一本书主义”来。有时就突发奇想，可以在科研院所、高等学府、文联作协这些地方，发起一个“一本书运动”，即原则上——很多事情都是原则上，一个专家、学者、作家，十年（不是一生！）只出一本书。理由是有“十年磨一剑”的古训，《红楼梦》就是“披阅十载”而成，有已故范文澜先生的那副对联“板凳要坐十年冷，文章不写一句空”的精神感召。圣人孔子一生也只有一部《论语》，亚圣孟子也只有一部《孟子》，庄子只有《庄子》，老子只有5 000字《道德经》，司马迁只有《史记》，刘勰只有《文心雕龙》，等等。自然，我知道，此议一出，必被群起而攻之，以为这是痴人说梦。不说也罢。

可是，我倒觉着，一定要向编辑出版同仁们提出一个建议，大家来开展一个“一本书运动”。所谓“一本书运动”，即指一位编辑，十年编辑出版一本有长久价值的“在书架上留得下去的书”。所谓好书，标准自然是多方面的，要由读者和专家们来评价。我这里单指那种“在书架上留得下去的书”，也就是说，是功在当代、利在千秋的书。还是说圣人孔子罢，他算是咱编辑行当的祖师爷，老人家编辑的“在书架上留得下去的书”也就是6种，即《诗》《书》《礼》《乐》《易》《春秋》，其中《乐》并没有流传下来，今人还在努力搜寻考订。战国末期的秦相吕不韦集合众多门人共同编辑、撰写多年，也只留下了一部《吕氏春秋》。南朝梁昭明太子萧统虽然短命，却以一部《文选》长存于世。康熙年间进士陈梦雷领衔编纂《古今图书集成》，最后还让位给雍正朝的户部尚书蒋廷锡署名。《四库全书》是乾隆皇帝的钦点工程，总纂官纪昀便以此书声名远播，被今人在戏文中大大地神化起来。还有，张元济主持出版的《辞源》，陆费逵主持出版的《辞海》，孙伏园编辑的鲁迅小说《阿Q正传》，等等。自然，这些编辑大师出版的好书远不止此，可是，一个编辑出版人，能有一部书留得下来就算得上了不起。我等不才，就从一部书做起吧。试想，全国

孙伏园

560多家图书出版社，大约2万余名编辑人员，平均起来，一年奉献2 000种“在书架上留得下去的书”，那将是一个什么景象啊！

我知道，这依然是我的非非之想。但是，我不是在这里毫无新意、令人生厌、拾人牙慧地嘲讽图书品种增长的老掉牙的话题。图书品种增长过快，还不能一概斥之为生产过剩或数量品种扩张而导致低质低效。可以肯定，这个现象很大程度上反映了出版单位粗放型经营的弊病，反映了市场信息不对称的问题。然而，从社会进步发展的趋势来看，图书品种增长是必然的。文化科技创造力提高，读者需求呈多样化趋势，作者创作追求更强烈的个性化，反映到出版发行上来，首先就是品种增长。应当全面、客观、辩证地对待这个现象，但这不是本文要讨论的问题。我只是想到，作为一个有文化理想、有抱负的编辑出版人，多做一些有长久保留价值的图书，为国家的文化建设做一点有长久价值的贡献，应当成为我们的职业追求。我不敢把话说得太大，照着最小的数量——一本书去做，一个编辑，十年可以编辑出版很多书，但一定要去做一本留得下来的好书；倘若不行，就二十年做一本；索性，一生只做一本！如能是，到了我们告别职业、告别人生的时候，一定能少一些懊悔和羞愧，多一点自豪和欣慰的。

写于2005年7月

编辑起码

2005年的最后一期《中国编辑》，要开展“做一本比生命还要长的书”的专题讨论。大约是我为该刊上一期写过题为《一本书主义与一本书运动》的卷首语，在主张上彼此不谋而合的缘故，编者约我为此专题再写一篇东西。出版业内同好，相敬不如相应，况且前一篇写罢，有些意犹未尽，于是应承下来。

“做一本比生命还要长的书”，立意高蹈，志向远大，雄心万丈。业内凡有志者，莫不作如是观，莫不作如是想，莫不为此热血偾张，莫不“众里寻他千百度”。然而，倘若要追问“比生命还要长的书”从何而来？如何做成一本“比生命还要长的书”？以我的经验和能力，还不敢回答。事情就是这样，发明一种发明的方法，比发明本身来得要困难得多，当然也重要得多。

问到“比生命还要长的书”从何而来，很有点儿像探讨传世名篇的来源，势必各师各法、莫衷一是。古往今来，文源之说多矣：“诗言志”“发愤以抒情”“圣贤发愤之所作”“感悟吟志”“文章者，原出五经”“登高之旨，睹物兴情”“文生于情，情生于境”“政之感人，犹气之感物”“不得其平则鸣”“愤怒出诗人”“模仿说”“再现说”“表现说”“结构说”“解构说”“社会需求论”“生活源泉论”“主体论”“主客体统一论”，如此等等，学说已成百家，理论蔚为大观，却仍有大量例外存在，让评论家大跌眼镜的意外屡屡发生，让无数后学“入歧途泣之而返”的故事未能穷已。文源之说既然如此，就不必说附丽于其上的编辑出版之事了。简言之，无数的好书产生了无数的经验，而无数的经验却产生不了相应的好书。有编辑靠执着做成了好书，有编辑执着一生只做成了一个好人，书却乏善可陈，还有人不时演出“饿鸟自有飞来食”的童话；有编辑才高八斗，做成好书传世，有编辑学富五车，却终生与平庸书结缘，还有那以平常才学撞上高格之书的编辑，顿时就成了江湖名士。事物的伪因果关系害得好为人师的我们屡屡受挫，多因果关系又使得“有一分耕耘就有一分收获”的教诲大受质疑，求因欲始终让诚实者心有不平。

既然“比生命还要长的书”从何而来如此难以说清，那么，如何做成一本“比生命还要长的书”就更复杂了。经验告诉我们，复杂的事情或许用简单的方法能够解决。

唐朝大诗人白居易，唐穆宗时在杭州做刺史。一次，他去拜访著名的鸟巢禅师，请教佛法的精要。鸟巢禅师对他只说了八个字：“诸恶莫作，众善奉行。”大诗人不满意，说：“三岁儿童都懂得。”禅师答道：“八十老翁行不得。”大诗人当时便顿悟。鸟巢禅师说的是佛家起码的要求，起码的要求三岁儿童都知道，可是到了八十岁也未必做得到，这就是佛法的精要。那么，要做成一本“比生命还要长的书”，似乎也可以先看看有哪些起码的要求。

一个编辑，一个出版社，要做出好书来，依我的浅见，起码要做到以下几点。

起码要爱国。我们的出版，首先是中华民族的出版，体现的是中国人的精神，承载着中国的文化，服务于中国的读者，有利于中国的发展，同时也有利于人类文化的进步。一个中国编辑，爱国势必忧国忧民，爱国便会追求真理，爱国方能庄重自强，爱国自会服务社会，爱国才可能更多地重视“国产书稿”，爱国才可能努力推动“国产图书”走向世界。

起码要把社会效益放在首位。社会效益的内涵应当包括图书在思想、政治、经济、文化、学科专业以及社会各个方面近期和长期的价值，这是一个不断实现的过程。把社会效益放在首位，不应当只把它当成是社会对我们的规范，还应当使其成为我们出版人的职业精神和价值诉求。高度重视社会效益，我们的出版物才可能重视导向，才可能重视文化价值，才可能注重专业贡献，才可能有益于世道人心，才可能不被盲目的市场所裹挟。

起码要有责任心。起码要有社会责任心——作者、学者可以文责自负，出版者却要为社会、为读者把关，因为这是公众传播行为。起码要有专业责任心——“知之为知之，不知为不知”，凡有不知者，既不要轻判他人文稿的生死，也不要好为人师，指导作者走入歧途；既不要追星炒作、大言欺世，也不要成为一本本“绣花枕头”图书的绣花枕套。起码要有道德责任心——遇上污言秽事要有排异反应而不会生出嗜痂之癖；面对有悖道德伦理的书稿，无论多么畅销，甚至能使你一夜暴富，也不会为之所动。起码要有职业责任心——订正文稿，疏通文句，这是编辑最基本的工作，我们不能视而不见，无所用心，更不能以讹传讹，让谬误流传，误人子弟。

起码要讲诚信。如今提到诚信，不少正派的编辑可能有“每个人被迫发出最后的吼声”的感受。社会诚信缺失，有识之士正在奋起拯救，然而，作为承载社会良心的编辑，有的竟然也去做欺诈之事，出伪书，造假货，报假信息，挂羊头而卖狗肉，挂名牌而卖思想垃圾，实在让同行汗颜，令世人侧目！

起码要有奉献精神。一部佳作问世，作者可能是在编辑的精心指导下才得以成功，也可能是编辑在中间立有点石成金之功，还可能就是编辑沙里淘金，直接帮助作者完成或完善了书稿，但主角总是作者本人。往往是，作者一朝成名天下知，编辑的贡献却往往鲜为人知。更有一类编辑，满腹经纶，字字珠玑，却终日忙于成人之美，以助作者出书为乐，没有奉献精神何至于此。一个编辑没有奉献精神，再好的书稿也可能被弃若敝屣，更不必期望他能为别人的书稿奉献智慧和心血了。

起码要尊重作者。尊重作者，爱惜文稿，作者是出版社的衣食父母，文稿是出版社的雨露甘霖，这些话如今是很少说了，但并不说明它们不再是真理。“君子务本，本立而道生”，从出版之本末来看，作者与文稿就是出版之本。但是，我们不少时候却弄得本末倒置，或轻贱作者，或捧杀作者，不时还会驱使作者草草完稿，大行破坏他人精心写作之能事，眼中唯有利润，心中岂有他哉！

起码要尊重读者。有的编辑把读者看成市场，这话只对了一半。当掏钱买书时，可以把读者看成是市场，可是，当他读书时，那读者才显现出全部的“读者价值”。所谓“读者价值”，即指读者从图书和服务中所能获得的总利益与所付出的代价的性价比。编辑理应让读者更多地感受到出版物带给他们的价值。读者将使得人类的知识传承，使得出版业继续存在和发展，有读者在就有编辑在，广大读者也是我们的衣食父母。

起码要有一点创新精神。重复出版没有创新精神，拾人牙慧没有创新精神，东拼西凑没有创新精神，“贵远而贱近者”没有创新精神。内容产业，内容产品，总以内容创新为王，以持续改进创新为荣。而徒有其表却无其实者不是创新，徒有豪言壮语而无实际行动者不是创新，趋炎附势不是创新，花里胡哨不是创新，故为艰深、托于古奥不是创新，刻意求大、动辄规模不是创新，肆意求变、标榜创新也不是创新。

起码还要有一点学习精神。一部书稿意欲出版，最危险的事就是遇上无知的编辑，而最致命的则是编辑不仅无知而且又自以为是。“以其昏昏，使人昭昭”，如此编辑，怎么得了！为了避免我们的无知，只有学习；为了避免我们不仅无知而且又自以为是，只有学习学习再学习。干脆这么说，一个编辑要做“比生命还要长的书”，却不打算持续地学习，一个出版书的人却不爱读书，再没有比这样的事情更滑稽的了。

上述种种编辑起码，说到底也还只是起码，决不是说一旦做到，传世之作便在生产流水线上制作而成，一本“比生命还要长的书”就真的长命百岁了。事情肯定没有那么简单。但是，有一点也是肯定的，如果连这些起码的要求都达不到，那么，一切都将是空话，事情也就是这么简单。这是出版业的ABC，这是出版业的最高机密，不知道各位编辑同行以为然否？

写于2006年10月

国际组稿

1

书稿是出版社的第一资源，是图书质量与效益的第一保证，因而把策划选题、组织书稿诸事看成是出版业务的第一件大事，这是当今出版人的共识。众多出版社决策机制向策划组稿编辑倾斜，激励机制对策划组稿编辑厚爱有加，人才成长机制对策划组稿编辑关怀备至。这是出版社适应社会主义市场经济的需要，是出版社经营管理趋于成熟的标志之一。

然而，倘若现在提出版权贸易亦属于出版业务的一件大事，出版社内版权贸易编辑应当得到与策划组稿编辑同等的地位和待遇，则可能让一些社长、总编陡然间颇为犹疑。

2

如果说，版权贸易中的专有出版权转让出口，还主要是使图书价值延伸的后续性工作，它的性质更多地在于推销而非创意，那么，版权引进工作则显然是为出版业务确定方向、设定价值的基础性工作，它的性质更多地在于创意，因而与策划选题、组织书稿并无本质上的不同。

因此，就业务性质和工作范围而言，我们可以称版权引进业务为国际组稿。

3

国际组稿与国内组稿，一样需要策划者对书稿内容有透彻的了解，对书稿的思想价值和导向有辨析力，对书稿的写作质量有鉴别力，对书稿的市场效益有预测力，尤其需要独具慧眼，同时还要眼明手快、捷足先登。所不同的是，国内组稿大都为原生稿，尚未得到社会一定程度的认同，而国际组稿（当然专指版权引进）业已经过编辑出版，成熟程度自不待说，质量大体也在彼国彼地得到过社会一定程度的认同，效益也有别国市场实现程度可资借鉴。就这一点而言，前者似乎难于后者。然而，引进境外的作品，我们不能不顾及政治的规定和思想的导向，不能不顾及价值观念、文化背景的差异，不能不顾及受众的阅读兴趣和习惯，不能不顾及国内的市场效应，等等。就此而言，国际组稿自有它特别的难度，对于组稿者“高层的非程序化管理”的能力要求更高。或许正因为如此，至今国内出版社引进版权的成功例证尤为引人注目。

4

近几年来，版权引进工作最为成功的出版社当数清华大学出版社。1993年至1996年，清华大学出版社从美国、德国、荷兰、日本等地引进以计算机技术为主要内容的图书版权已逾200种，同美国合作出版3种。就品种而言，也许国内组稿还是多于国际组稿，可是就效益特别是经济效益而言，后者也许已经成为该社一个时期里的主干。据说，该社现已实现与国外协作出版单位就某些品种联手同步出版的计划，其前景之远大可以想见。

1996年版权引进的一个成功例子是北京大学出版社《未来之路》中文版的出版，该社用5万美元赢得了两个5万美元以上的利润，给中国读者提供了现代企业经营发展的诸多思考，同时开拓了一大片市场。我们又看到一本《微软的秘密》在1997年的春天面世。

1996年作家出版社赢了几把满贯，几乎都是版权引进的业绩。《马语者》(顺带提一句，书名译得不太得当)、《大预测》、《回顾——越战的悲剧与教训》，一本本都在图书市场上活蹦乱跳，让我们看到了作家出版社总编辑张胜友朝气蓬勃、咄咄逼人的形象。漓江出版社挟《牛虻》版权交易成功的势头，1996年成功引进挪威著名作家米克勒的长篇小说双璧《月亮姑娘之歌》和《红宝石之歌》。

5

当今世界，信息资源国际共享已成潮流。既然共享，为什么我们不去共享这出版业第一资源——所有的好书稿呢？市场经济，立足国内，与国际接轨，这是趋势。既然接轨，我们就应当把能够为我们所用的东西接受过来，发展出去。如果说，图书市场不断开放是个规律，那么，版权贸易市场的国际化业已形成，这也是开放进程中的中国图书市场和出版业最好的自我保护的措施。

为了最大限度地吸收、利用全人类的优秀文明成果，建设中华民族的精神文明和物质文明，我们应当去国际上组稿。

为了满足广大人民群众日益增长的多层次、多方面的精神文化生活需求，我们应当去国际上组稿。

为了丰富我们的图书内容，壮大我们的精品阵容，我们应当去国际上组稿。

于是，1994年，漓江出版社及时成立了版权部；而接力出版社更为到位，将版权机构命名为国际部。据悉，广西各家出版社的版权贸易工作均落实了领导、机构和人员，将以更为进取的姿态出现在国际组稿的征途上。

6

固然，先国内，后国际，立足中国，走向世界，从来都是我们工作的基点。国际组稿实行的是拿来，国内组稿实行的则是自我发展，甚至是培育。任何时候，国内组稿都是我们工作的重点、基点，是建设“两个文明”的重要任务之一，这是不言而喻的。但是，在世界大潮流、大趋势之下，国际组稿应当提到我们出版业发展壮大的计划中来，这是断然不可忽视的大事。诚如邓小平同志多次强调的，不对外开放不行，搞闭关自守是没有出路的。许多出版社正是以改革开放的国策为指导，以国内组稿和国际组稿两条腿，坚实地走向成熟、壮大。

写于1997年3月

国际投稿

我曾经在一篇短文里称国外版权的引进为“国际组稿”。“国际组稿”曾经对中华文化的形成和发展产生过重要的影响。中国古代著名的“国际组稿”第一人当为唐代和尚玄奘，他历时17年，行程5万里，带回520夹共657部佛经的业绩，成了不朽的传奇。近代以来，“国际组稿”者甚众，严复引进《天演论》，张元济主持南洋公学译书院翻译东西各国教科书，“五四”前后许多学者大量译介的马列著作以及西方科学著作，新中国成立初期全面介绍苏联的各类重要书籍，改革开放以来出版业空前繁荣，国际版权引进蔚为大观。中华民族敞开宽阔的胸怀，显示出既勇于“授”又勇于“受”的旺盛生命力，中华文化由此不断地丰富、壮大。“国际组稿”功莫大焉！

第八届北京国际图书博览会开幕在即。中国出版人不仅要抓住大好时机一如既往地进行“国际组稿”，而且要向各国同行充分展示中国出版的实力、风貌以及本版图书的魅力，尤为重要并应当全力去做好的还是后者。展示的目的一方面是更多地输出我们的版权，实现中国出版走向世界的宏愿；另一方面则是提升我国出版业在国际版权交易市场上的地位，吸引世界各国出版人踊跃向中国出版机构进行“国际投稿”。

组稿和投稿，是出版人组织稿源的两种主要手段。组稿能力的大小往往取决于出版人进取心、信息反应的灵敏度以及公共关系状况等要素。而出版人对投稿者吸引力的大小，则主要取决于出版人的全面表现和综合实力。出版社可以通过投稿状况的曲线得出自己综合状况的多种指数。出版社能否吸引投稿，投稿者多寡，可以用“桃李不言，下自成蹊”的古训、凤凰择木而栖的典故、马太效应的原理来理解，甚至还可以运用物理学中的万有引力定律来求证。我们的出版社从国外版权代理商及出版社那里获取版权的手段，目前还主要是“国际组稿”而非“国际投稿”，这一方面是由于对方对我国的出版业情况知之甚少，另一方面则是因为我们的出版业在国际上的实力不够强和知名度不够高。一句话，引力之大小与物体的质量成正比。要吸引“国际投稿”，必须强化我们自身，壮大我们的实力。版权市场也有激烈的竞争，最后的竞争还是实力的竞争。

从整个出版行业来看，中国出版业对“国际投稿”吸引力的大小，在一定意义上也体现着中国出版业在国际上影响力的强弱，标志着我们与国际出版业接轨进程的快慢。英国畅销小说《哈利·波特》被众多国家引进版权，热销3 500万册之后，中文简体字版才得以作为第32种语种文本由我国出版社出版，而且成交的过程依然是以“国际组稿”为主。英国的版权代理商何以就没有向我国的版权代理商以及出版社主动荐书，英国版权商何以就置偌大的中国市场于“尾水”，个中属于我们自己的原因值得深思。应当承认，改革开放以来，特别是在我国成为《世界版权公约》和《伯尔尼公约》的签约国之后，中国出版在国际出版业的地位极大提高。近几年来，到我国“投稿”的外国版权代理商时有出没，在法兰克福国际书展上，庞大的中国代表团是很受外国同行欢迎的大买家，北京国际图书博览会

《哈利·波特》(人民文学出版社)

参会者逐届增多，这些都表明我们对“国际投稿”者的吸引力正不断加大。我以为，几乎可以把到北京来参展的外国同行们看作我们的“国际投稿”者，来参展的越多，越能证明我国出版业在日益强大，在国际出版业的地位不断提升。

平心而论，我们与世界出版业的先进水平确实还存在着差距。我总希望有那么一天，一部畅销书，如果要宣称为世界性畅销书，就必须在最先出版的五大或者七大语种版本里包括有中文简体字版，许多国家的作者和出版人将以自己在中国出版过图书为专业水平的标志和业绩的资本。如能是，我们在国际上的组稿和接受投稿都将是激动人心的，而中国出版业对于中华文化的发展和强盛所做的贡献也将是巨大的。

写于2000年8月

再谈国际投稿

2000年8月，第八届北京国际图书博览会开幕前夕，我曾写过一篇短文《国际投稿》，认为应当重视国际参展者，如同一个有责任心的出版人应当认真对待上门投稿者一样，不可错失组稿良机。短文显然存在着片面性，只说其一，未说其二，没有论及我们也应当成为国际出版业成功的投稿者。时隔两年，第九届博览会又将开幕，据悉此后博览会将发展成每年一届，看来还应当再谈国际投稿，版权输出应当成为被关注的话题。

我国入世，经济全球化的机遇与挑战已非牧童佯呼“狼来了”，文化的交流与竞争虽在纸上却大可谈兵。在如此天下大势之下，出版业决计“走出去”，既是主动出击、开拓进取、做大做强的战略抉择，更是适应弘扬中华民族先进文化，提高综合国力和国际竞争力的需要。20年来，当我国出版物越来越频繁地出现在各种国际书展上时，而且从少到多、从小到大、从简陋到精致，时而以一道独特、别致的风景线作为某些书展的主题国闪亮登场，国家的形象无疑得到提升。当我国输出的版权演绎成别国的出版物出现在大洋彼岸、欧亚诸国的出版物市场上时，尽管品种与发行量都还不足以与大国地位相称，然而版权交易从友好赠予到市场供需交易的演变，需求者从猎奇到实用、从尚古到厚今的变化，出版产业在文化的交流与竞争中不断有所收益和发展。

“走出去”无疑十分重要。可更重要的是怎样才能“走出去”。我们说了多年“走出去”，真正具有产业价值的“走出去”却委实不多。迄今为止，我们出版业的输出基本上是以版权贸易为主，兼以少量的版权实物出口。从多年的版权贸易统计数字来看，我国的版权输出量与引进量还很不成比例。是否一定要实现顺差姑且不论，不能幻想我们的版权输出以一国而盖全球，我们的版权输出效率不高却是事实。市场经济是效率经济。在市场经济条件下经营的出版社不能不考虑在版权贸易上的投入和产出的效率比。近来因为入世，别人将逐步进入我们的出版物分销业务领域，于是业内人士也有“走出去”到境外同人家比着做书和做销售的打算，其意无疑可嘉，长远追求无疑要志存高远。然而，相比较而言，目前版权输出还是要来得安全、便捷、有效一些，而且基础要好得多。也就是说，目前做一个国际投稿者要比做一个出版物的投资者多快好省一些。

既然要投稿，那么就要研究并适应书稿市场的需求。在有益于全人类进步和国家、民族利益的大前提下，首要的是努力使得别人对我们的书稿内容能够理解和接受。理解和接受是出版合作的基础，如果彼此不带偏见的话，应当在这个基础上去寻求共同感兴趣的话题。进而，我们还要努力使别人对我们的书稿的艺术形式感兴趣。为此，“党八股”必须废止，“洋八股”同样必须废止，而“越是民族的就越是世界的”这一论断还应当建立在艺术本体论和发展史的基础之上，否则艺术就没有了高下、文野、雅俗之分。此外，我们还应当开展对国际出版市场需求状况的信息调研，在此基础上去做国际投稿的准备工作。经营版权同经营其他产品一样，我们应当精心生产能够销售的东西而不是被动地销售已有的一切。过去许多时候，我们把版权实物带上国际书展，大体上并不了解买主的需求以及自己面临的是一个怎样的版权市场。倘若纯粹是为了展示而去，并不准备给谁投稿，那么不去说它也罢；倘若真是为了国际投稿而去，那么，离营销法则的要求实在是远了一些。

作为一个出版人，我能够理解，眼下国内任何一家出版机构，面对偌大的国内出版物市场，有做不完的营销空间，如果仅仅为了经济效益，完全可以不去考虑什么国际投稿之类的麻烦问题。我们一再如此提倡，着实是从国际影响这个更广阔的层面来追求更大的社会效益，恪尽一个中国出版人为国家、为民族应尽的职守。可是，我们既然去从事这项经营活动了，自然就希望有所成功；既然希望有所成功，就自然应当认真对待，按照经济规律办事。否则，所谓社会效益就成了一句空话。一个有责任心、有自尊心的投稿者，不可能只问投稿不问收获，何况我们这些国际投稿者心之所系并非一己之荣，我们的责任、自尊和成功将属于国家和民族。

写于2002年4月

读者：你是谁？

1

“我有六个忠诚的仆人，

他们教我所有他们知道的东西；

他们的名字是What（什么）、Why（为什么）、When（什么时候）、How（怎么样）、Where（哪里）、Who（谁）。”

这是英国作家鲁迪亚德·吉卜林的名言。

现在我最需要这六个忠诚的仆人帮助我去寻找读者。

我想知道我们的读者：

他是谁？

他在哪里？

他什么时候需要什么出版物？

为什么？

然后，我们怎么办？

2

我们和读者曾经很愉快地邂逅过。

在书市，我不止一次见到过这样的情景：在出版社的销售柜台后边，倘若站着一位编辑人员，无论他的气质高傲还是通达，无论他的风度儒雅还是平易，亦无论他性格外向还是内向，以及自我感觉良好或者无所谓，只要有一位读者选择了他编辑的图书，这时候，他总会有亲切的目光闪现。尤其是他那些印数不大、销路不广而又是自己极愿意出版的图书，又尤其是被出版社发行部门怠慢的那种图书，有人看中了，为它慷慨解囊了，顿时便有得韩荆州一识之悦，有同怀视之之情。这样的邂逅暗含着某种默契，暗示着心气相通。他甚至急于想知道，读者仁兄为什么认同自己的识见和劳动，他是谁，他最终对自己的选择是否满意。一位编辑的责任感在这样的时候愈发显出了它的高洁和沉重。

曾经多次读到出版人自述此类邂逅故事。故事如有发展，也可以演绎成出版人关心读者和读者支持出版人的故事，还可以借此完成一次出版物行销过程中的市场调查。

然而，这还不是我们要讨论的完全意义上的寻找读者。

3

企业大凡要上新项目，必有可行性论证于前，论证必围绕市场需求调查结论进行权衡。倘若不是因为其他非经济因素掣肘，论证必定会告诉企业决策者，用户是什么样的人，他们需要什么，为什么要用这个产品，他们在什么时候在什么地方用什么方式来获得这个产品。那么，就此种种情况，上不上新项目才是企业自身的事。海尔公司调查到四川农民需要能洗红薯的洗衣机，于是大排量洗衣机投入生产；海尔公司又调查到广州市民暑天需要能洗内衣内裤袜子的洗衣机，于是多级排量以至很小排量的洗衣机适时而生。便携式电脑从何而来？掌上电脑何以又成旅行者掌上明珠？手提电话为什么一小再小？住宅的客厅为什么一大再大？这无一不是因为企业直探用户洞察先机从而引领了潮流。

这正是我们要讨论的寻找。

4

可是我们的出版企业缺乏这样的寻找。

有需求的读者是谁？答案最可笑的是“初中以上文化程度者”，最可怕的是“广大读者”。

假设中的读者在哪里？答案最有把握的是“城市、农村”，最没有把握的是“全国各地”。

读者几时要买？一年四季，一日四时，想买即买，实在不买，长销等待。

读者读不读？作者写什么，出版者说“必读”，于是他们就必读。

为什么？因为“老少咸宜、雅俗共赏”，因为是“精品”，“学子必读，家庭必备，图书馆必藏”——然而，是理工农医学子还是文史哲经学子？家庭者是陕北窑洞、桂西的竹楼，还是深圳的豪宅、北京的别墅？图书馆又还有大中小学、省地市县、公共与专业之分。

如何出版？万事俱备，只欠社长拍板。

应当承认，以上种种，大都是十年前的老照片，说来聊作谈资。今天的书业，已非昔比，读者有所锁定，作者有所分派，编辑有所谋划，然而，毋庸讳言，一切仍然在估计之中。

5

我经常在想，什么时候我们的出版社也能够像成熟的企业那样，为了每一个即将投产的产品的社会效益和经济效益，进行严格的项目论证。那时，读者情况将由一连串的调查数据构成，而不要再像过去那样，把脑袋拍遍，却无人会读者意。什么时候我们的出版企业能够像海尔电器那样准确地捕捉市场信息，像日本讲谈社那样每一种书投产都有会议议定的方案，像麦当劳快餐店那样为一只汉堡包的制作程序及标准制订十数页的文字材料，而不再像过去那样，随心所欲而又常逾矩。

6

要指望我们的出版人像发达国家先进出版公司那样用笨功夫去调查市场、读者和专业领域，为一本本书来做一番论证、结论，看来现在是不大可能的了。那毕竟是网络化之前的做法。我们实在是长于思而不屑于行，否则中国的古代哲学为什么如此之玄奥呢？好在现在终于有了网络，远甚于“坐地日行八万里”，信息搜集空前便捷，寻找读者的工作应无大碍。然而，找到了又怎么样呢？我们是不是就能很重视科学数据呢？有时又不免要打个问号。毕竟在五个“W”之外，还有一个最重要的“How”——如何去做。

写于2000年5月

评点优秀审读报告

为加强精品创作生产，强化责任编辑制度，提升责任编辑的把关能力和审读能力，由中国新闻出版研究院主办、《出版参考》杂志承办的全国优秀审读报告评选活动已经举办六届，受到出版界同仁的广泛关注和好评。其间，本人应邀对部分获奖作品予以评点，现选录部分如下。

第二届（2015年）部分获奖作品评点

1. 出版物质量最后的堤坝：《续修四库全书总目提要·集部》

对于一部由众多撰稿人编撰而成的大书，出版社的编辑审校往往要全面承担起编校质量最后的工作。这不同于只有一两个撰稿人的图书，出版社可以与之往返切磋周旋，众多撰稿人已经散去，重新集合费时费力费成本，责任已然分散，无论如何，出版社的质量体系只能负起最后的责任来。

《续修四库全书总目提要·集部》正是这样一部拥有众

多撰写者的大书。

全书选录图书共计1 048种、22 390卷，涉及著述者1 100余人，这里指的是提要原著，而参与撰写提要的学人共计90余位，分布在海内外。虽然撰稿人均为各领域内首屈一指的专家，所撰提要大都精当，评价大体中的，编纂工作延续近10年，且经过了分卷主编谢思炜先生统揽全书，统一体例，做了删改，大致保证了质量，然而，毕竟这样的撰稿对于各位学人只是自己学术写作的边角余料之事，投入时间、精力难免有限，尤其是有些条目撰稿者几易其人，成于众手，残存一些问题不可避免。说是残存，然而集中起来却触目惊心。这时候，出版社编审人员只好担起最后的责任。

请看全书书稿审读发现的问题：弄错同名作者人物，弄错版本即非《续修四库全书》本，介绍卷次版式特点、引用正文文字时颠倒遗漏，引文张冠李戴，文字逻辑不清，新近研究的成果没有吸收，存在大量的异体字、旧字形，新旧称谓、简称、缩写、地名不规范，此等硬伤需要责任编辑一一改正。还有，对人物和书籍内容介绍文字繁简不当，需再做一番删繁就简，补全所罗列的图书内容，等等。这些原本属于撰稿人的活计，出于实际情况考虑，只好由责任编辑直接操刀。即便如此，初审编辑使出浑身解数，到了复审，依然被发现有143处需改错订正。如此这般，才算是筑起了中华书局出版物质量最后的堤坝。

2. 故纸堆中见功夫：《龙泉司法档案选编》第二辑

《龙泉司法档案选编》收录浙江龙泉地区所藏晚清至民国时期司法档案，第二辑收录龙泉市档案馆所藏民国元年（1912）至民国十六年（1927）地方司法档案，依选编标准逐年遴选民事、刑事诉讼案件共180例，涉及近600个卷宗，约11 000件文书。在这样的故纸堆中，如何出版一部有历史价值和研究价值的档案文献图书，颇需编辑下一番功夫。

编辑的功夫首先下在前期的整理方案上。责任编辑较早介入整理方案的制订工作，于体例、编辑规范有颇多建设性建议，自然会对资料的整理起到重要作用。更重要的是，编辑的意见往往代表了出版方对于档案文献取舍的把关原则，由此减轻了整理者的精神压力，避免了走弯路。

编辑的功夫着重下在了图版上。档案文献类书籍需要突出图版的重要性。初审编辑对图版的扫描、编号、拼接、版面安排、校核、印刷，都有非常具体的工作规范和技术要求。档案文献类书籍的图文关联度极高，所有内容信息都要做到一一对应，稍有错讹、错植，都会令人不堪卒读。编辑细读图版文书，不漏掉所有信息特别是重要信息，对

《龙泉司法档案选编》第二辑（中华书局）

相关文书做考辨，对整理稿做补充、订正。如此等等，着实需要编辑下足钻进故纸堆的功夫。

编辑的功夫还要下在学术规范上。档案文献的整理出版，不同于一般的古籍整理与学术著作，首先要尊重档案的原始状态，然后才是整理的科学规范。譬如，文书中时间为“洪宪元年”，就不必统一改为“民国五年”。民国年间，政治形态、社会形态乃至时序记录都变动频繁，最好的办法就是均照原始文书录入，不必人为统一。这样一部专门档案文献类书籍的读者必定主要是专门人士，倘若连这样的历史痕迹都无法理解，还算得上什么专门人士！是故，编辑要相信读者，尊重历史，维护原貌，方能真正成就档案类文献整理编辑出版之功。

3. 编辑美德书，见编辑美德：《中国美德读本》

邀请著名作家苏叔阳先生主编的《中国美德读本》，参与写作的作者多达18位，可想而知，主编者事务必定不少。可是，苏先生毕竟年事渐高，身体欠佳，难以坚持完成全书的组织、编写、讨论、定稿的所有工作。如此情势下，责任编辑并不任其延宕进度，更不计较个人辛劳，挺身而上，工作主动向前端延伸。在书稿的创作阶段，责任编辑就介入了全书的思路确定和作者的组织工作。在主编最初提出“天、地、人”思路的基础上创造性地提出“天、地、人、和”的建议，使得全书结构更为完整，更为出彩。至于对书稿加工润色，订正史实，优化结构，安排插图，事无巨细，责编均有条不紊地做到。凡此种种，体现了一名有责任心的编辑的职业美德。

4. 专业精神不能沉睡：《唤醒沉睡的文字》

这是一部泛学术的面向大众的普及读物。既然是普及读物，往往会使人产生内容浅易的印象，以为不需要专业编辑来把握。倘若如此去想，必定大谬不然。其实，此书汇集了众多考古发现和著名学者的研究成果，借助大量的图片和文献资料，分别讲述了象形文字、楔形文字、字母文字和方块字在不同文明国度中产生和演变的过程，同时涉及众多学科，包括人类学、考古学、艺术史、经济学、语言学、数学、政治与社会史、心理学、神学和文学，以及中古和文艺复兴时期的手稿、书法、排版和印刷等，举目望去无一不是学术。这就是泛学术普及读物的特点。如此便需要译者和责任编辑如过地雷阵一般，加倍小心，稍一大意，便可能踩爆学术知识的地雷。此书译者已经比较用心了，对正文、图片说明、专有名词等都做了全面的翻译，而且译文语言流畅，可责任编辑仍不敢大意，对译文还是进行了细致打磨，对名词的前后统一、部分图片内容的翻译做了许多工作，体现了较好的专业精神和专业能力。

由此想到，倘要全面确保图书的出版质量，首先就是编辑的专业性不可或缺。正因为编辑的专业精神不曾沉睡，人们才能看到这样一部叫作《唤醒沉睡的文字》的优秀图书。

5. 震撼之后的倾情奉献：《我的影子在奔跑》

这是中国第一部真实反映艾斯伯格综合征（自闭症）儿童生活的自叙体小说。当责任编辑最初拿到《我的影子在奔跑》初稿阅读时，竟然是一口气读完，他感叹道：太震撼了！

震撼编辑的是作者强烈的社会责任感和无限爱心，是患有艾斯伯格综合征的数学天才修直和他的母亲田桂芳17年岁月的回放，那里面是苦痛、成长和母爱，是面对人生中各种各样的矛盾、挫折甚至不幸时，亲人间的相互包容和沟通，还是当前社会明显缺失的人与人之间、母与子之间沟通的经典教范。

震撼之后，责任编辑要做的就是设法让书稿中所蕴含的种种内涵得到最好的传播。编辑认为这部小说属于慢热类型，缺乏第一时间抓住读者眼球的要素，而且担心第一章“我是谁”关于主角修直婴儿时期的叙述，可能有些少年读者会看不懂，于是建议作者在第一章前增加“预见、先知”一章，力图增强小说的悬念，引起读者继续往下读的欲望。这样一来，小说果然增色不少。再就是编辑提出对文稿增加插图，以提升读者的阅读兴趣。尤其是编辑要求插图要富有鲜明的时代感，于是安排了大量漫画插图，借鉴网络、手机屏幕的表现方式来安排版面，让人产生独特感觉的同时，进一步拉近读图时代、触屏时代图书与读者的距离，进一步提升图书的可读性。就这样，一部具有丰富内涵的文稿经过一位同样具有丰富内涵的责任编辑的倾情工作，成为一部震撼更多读者心灵的优秀图书。

6. 添彩与规范：《担保论：全球金融市场中的法律推理》

《担保论：全球金融市场中的法律推理》译者原先直译成《担保知识：全球金融市场中的法律推理》(*Collateral Knowledge: Legal Reason in the Global Financial Markets*)。Knowledge在英文中具有丰富内涵，包括所知、理解、认识、科学等，但是如果把这部学术专著称为“知识”，则不免过于单薄，极大地减弱了著作的学术分量，也不能体现本书原旨。于是编辑建议译者译成“担保论”。译者从善如流，这部译著已经跻身我国法律类经典专著的行列。编辑做了一件添彩的事，尽管只是一字之差，然而高下立判。

这部译稿系由多人翻译而成，规范至为重要。责任编辑对术语翻译的精准与规范、体例统一、漏译等问题进行了全面的检查，完成了体例统一，对照原文纠正错译，重新翻译漏译部分，对于疑难问题，请教各领域专家进行解决，最后还邀请国际知名学者进行审校。编辑还拟就了《翻译凡例》，提供给有双语能力的读者参读。译著的边页码也是严谨翻译著作的基本要求。学术著作，特别是法学专著，必须要包括参考文献、主题词索引（或人名索引、判例索引，或主题词索引），这部译著也都在责任编辑仔细订正下呈现出来。

编辑的添彩，在于他的灵感瞬间闪现；而做完所有规范的事情，他用了六个月的日日夜夜。这些都是一个编辑的本分。前者需要智慧，后者需要刻苦，二者都是一个优秀编辑不可缺少的。

第三届（2016年）部分获奖作品评点

1. 权威作者愿意合作之后：《李太白全集校注》

郁贤皓先生是唐代诗人李太白研究的权威专家。他著作等身，尤以唐代文学研究为重，其《李白丛考》等专著早已成权威之作。《李太白全集校注》乃郁先生毕生研究李白的总结式的著作，对李白研究、唐代文学研究乃至整个古典文学研究做出贡献。这一重大项目，原本是要放在北京的，而且原先也是从那里启动的，可是，先生毕竟年事已高，兼之诸多文事缠身，与有关方面提出最好选一家合适的出版社就近合作的想法。于是，他选择了同在南京的凤凰出版社。当然，他还可以选择同城其他一些同样优秀的出版社，可是，由于出版社和责任编辑的主动，由于凤凰出版社一直坚持古籍整理出版的专业方向，拥有一支较强的专业出版队伍，曾经操作过《清诗纪事》、《册府元龟》（校订本）、《全元文》等大型古籍整理项目的编辑出版，权威作者最终选择了他愿意合作的出版社和责任编辑。

故事发生在凤凰出版社成为权威作者愿意合作的出版社之后。

首先是出版社领导亲自负责，责任编辑积极跟进。经过努力，这一项目先后成功申请成为“十二五”国家重点图书出版规划项目和“2011—2020年国家古籍整理出版规

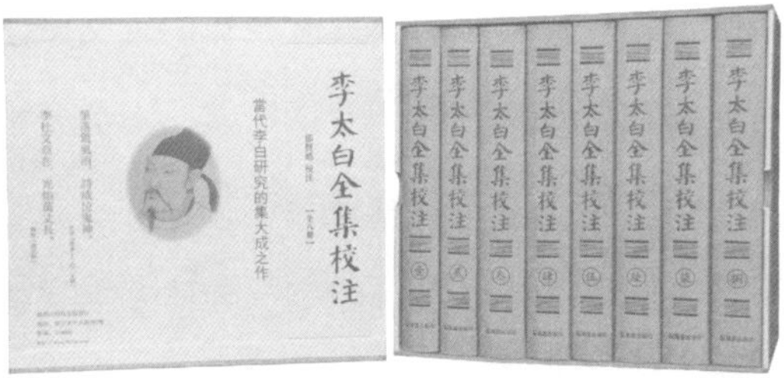

《李太白全集校注》(凤凰出版社)

划”项目，并获得政府资金的支持，为项目的成功提供重要保障。

其次，重大项目整体运作。拿到全部书稿之后，社里整体制订三审三校时间表，这就是说，社领导、责任编辑和各个环节必须做出整体安排。此事倘若只是任由责任编辑独自操作，势必增加许多内部成本，影响项目进度。尤其是在时间安排中给装帧设计留足时间，从而有了多种方案反复比较选择的机会，保证了质量。

最重要的是，在书稿编辑过程中，责任编辑认真展开编辑工作，无论大小疑难问题，均先登门请教，再做订正，杜绝擅改事故发生。作者虽然是权威大家，书稿质量很高，然而百密一疏也在所难免，例如，地名需订正（因为行政区划变化常常带来地名变化），文史知识偶有错误，征引文献中文字有误，解释偶有不明确之处，引诗文字录入有误，同一首诗多处出现异文现象，个别用词不当，当出校注而未出，等等，需要编辑具有相当的古文献学识功底才可能有所发现。此外，由于卷帙浩繁，不免要出现注释前后重复，卷次标注错误，目录与正文标题不一致，格式有误或不当，繁简字体以及古体字、异体字需要统一或者修改等问题，这又需要编辑具有扎实的编辑出版专业知识才可能有所改正。凡此种种，责任编辑又能以求教的态度呈送于权威大家之前，岂能不得到虚怀若谷的权威大家善以待之？其实，责任编辑在求教过程中，不仅解决了工作中需要得到确认的问题，而且得以面聆颇具“潘江陆海之识”“温其如玉之人”风范的权威大家的教诲，有如沐春风之感，满载而归之乐，更是编学相长的佳话。

这就是发生在权威作者愿意合作之后的故事。自然，故事的结局理当美妙，图书面世后，许多专业机构、专业读者争相购入，许多专业价值颇高的书评接踵而至。这就是说，权威作者愿意合作之后没有后悔，甚至有一番欣喜；而出版社则以出色的工作回报了权威作者的信任，还有行业的期待。

2. 作者—编辑耦合动力学的典型案例：《车辆—轨道耦合动力学》（第四版）

读者不用怀疑题目弄错，以为把“车辆—轨道耦合”错弄成“作者—编辑耦合”。我们正是要在这里谈谈“作者—编辑耦合动力学”。

我们知道，西南交通大学等单位率先提出并创建了“机车车辆—轨道耦合动力学”全新的理论体系，在国际上首次建立了“机车车辆—轨道统一模型”，解决了轮轨动态耦合建模和散粒体道床振动建模两大国际性难题，创建了“翟—孙模型”，成为国际上该领域四种代表性模型之一。在技术开发和工程应用方面，“翟—孙模型”都得以具体的应用和实施。以翟婉明院士为首席专家的“机车车辆—轨道耦合动力学”课题组的研究，结束了长期以来将机车车辆和轨道割裂开来研究的历史，推动了铁路动力学学科的新发展，为中国铁路独特运输方式下机车车辆及轨道动态安全设计提供了先进理论方法和现代技术手段，并为我国铁路进一步发展奠定了关键技术基础，为我国铁路现代化建设特别是高铁建设做出了重要贡献。

可是，在审视翟婉明院士的专著《车辆—轨道耦合动力学》（第四版）的出版过程之后，我们不由得生出好一番感慨：这是一个“作者—编辑耦合动力学”的典型案例。

耦，是指两人一起耕地。物理学借以生出耦合概念，指两个或两个以上的体系或两种运动形式之间通过各种相互作用而彼此影响以至联合起来的现象。作者与编辑的合作，是不是也具有耦合的原理呢？我想这是毋庸置疑的。

作者的写作是动态的，编辑的运行也是动态的，这二者间倘能做到动态耦合，就能更好地实现共同目标。窃以为，自古至今，作者和编辑“两人一起耕地”的合作故事多多，经典即生于其中，喜怒哀乐也生于其中，开展一番“作者—编辑耦合动力学”研究，一定大有文章可做。

眼前这个案例就十分典型。其典型之处在于，此书作者是一位院士，而其申报院士的代表性著作就是第三版的《车辆—轨道耦合动力学》。现在我们需要评价的是此书的第四版，而负责第四版和第三版的责任编辑是同一个人。这位责任编辑怀着强烈的责任心，在2007年第三版出版六年后，找到翟院士，建议对其专著再作修订，出版第四版，并希望第四版能够“延续经典，去粗取精，与时俱进”，特别希望能更新数据，去除陈旧内容，增加新的内容，特别是城市轨道交通和高铁建设的内容，并强烈建议增加索引以求得与国际科学技术论著接轨。作者接受了责任编辑的意见，在内容上做了较大调整，增加了我国轨道交通的最新成果，调整的内容共计12个点。在辅文方面，作者不仅增加了索引，还增加了参考资料，全书显得更加符合学术规范，更为完整。经过作者和编辑好一番耦合、好一番精耕细作，这部1997年第一版、2002年第二版、2007年第三版的专著，俨然以新成果的面貌重新出现在读者面前。

我们说此书的作者和编辑好一番耦合、好一番精耕细作，是有根据的。根据就在于，作者一丝不苟地把书稿真正做到了“齐、清、定”，而责任编辑的审稿报告也一笔不苟地手写了31页稿纸。在这样的案例面前，我们除了感慨还能说些什么呢？

3. 战斗力是在战斗中提高的：《中华民国时期外交文献汇编1911—1949》

规模浩大的十卷本《中华民国时期外交文献汇编1911—1949》终于杀青面世，参与这个项目的所有编辑，资历无论深浅，齿序无论长幼，无不欢欣，无不感慨。在许多感慨中，有一句触动我们的心弦，那就是：“战斗力是在战斗中提高的。”

诚哉斯言！

战斗力是在战斗中提高的。这话是从成功者口里说出的。首先，毋庸置疑，这一国家出版基金支持项目得以按时保质出版，已经显示出中华书局这家百年老店的战斗力。这是一项令许多出版机构望而却步、咋舌不已的繁难大书——尽管其间也有过对此动心的出版人，其动心可能出于对这个项目所蕴含价值意义的认识，对承担这项文献整理任务的国家级学术机构的信赖。然而，1911年至1949年是什么样的年景，在此毋庸赘言，而民国政府几度更迭迁徙，其间各种文献参差不齐、粗陋杂芜均可想而知，整理

《中华民国时期外交文献汇编1911—1949》（中华书局）

出版工作意义很大而难度也很大亦可想而知。终于，煌煌十卷大书齐整有序地整理出版了，既显示了承担这项文献整理任务的国家级学术机构的战斗力，也显示了百年老店出版机构的战斗力，我们应当为其点赞！

战斗力是在战斗中提高的。这话是从战斗者口里说出的。出版机构与学术机构第一次签约是2006年，迄今已有十年，中间重新签约是2012年，可见整理工作的繁难。由于不曾想到的繁难而合作办法需要有所调整，双方均表现出了责任心和使命感，双方均具有坚韧不拔的精神。学术机构的整理工作团队中竟有一人在项目进行中间罹病而英年早逝，而编辑部门编辑出版任务负重如山，却誓不言退，由一人领衔，五人合力去做，每人负责两卷，每一卷都经过编辑审读，提出相当一些整理中未能提出的错漏之处，取得了团队作战的战果。最后，出版机构的编校室自然也要发挥出守好最后一道堤坝的作用。这就是战斗，这就是战斗者一般的编辑团队。

战斗力是在战斗中提高的。这话是从成长者口里说出的。学界常说“教学相长”，说的是教师在教授学子过程中自身也能得到成长。那么，我们说“编学相长”，说的也是相近的意思，指的是编辑在编辑书稿过程中自身也能得到成长。仔细阅读出自编辑笔下的十卷文稿审读意见，只觉得每一位编辑都在尽己所能指出文稿存在的谬误，提出修改意见，最后一份来自编校部门的意见，使得这个战斗力得到又一次的提升。请看审读报告附件二：编校部反馈给项目负责人的意见，说明为什么请编者提供原始文献，然后接着提出“都有些什么问题是‘通读’不能解决的”。意见中说：一、文件录排、扫描中的丢行、丢段，通读基本是读不出的。而此类现象，就目前所见，非只一两处，很常见。二、有些问题，通读时即使知其有误，但无原始文献，无法判断其误为何，只能猜测，只能“射覆”。一个求真务实的编辑团队，怎么可能依靠“射覆”来编辑文献！于是，在编辑团队的要求下，学术团队从善如流地提供了原始文献，大家和衷共济，确保了文献出版的质量。编辑团队的战斗力就这样在战斗中得到了又一次的提高。

可以相信，凡参与这个项目的每位编辑，都由此深受教育，也许将终生难忘。而我们这些参与评审的同行，又何尝不是感同身受呢？

4. 面对高手的书稿：《大道之行——中国共产党与中国社会主义》

在编辑工作中，遇到学养深厚、锦心绣口的文章高手，编辑常常是难有作为的，如此情势之下，倘若还要拿审读报告去比拼编审含量，实在有点儿勉为其难。这就是为什么许多可以获得图书奖的书籍，却无法参评优秀审读报告奖的原因。

《大道之行——中国共产党与中国社会主义》一书就几近于上述所说的出版项目。可是出版社在反复权衡考量之后，还是郑重地推荐这部书参评这次优秀审读报告，这就显示了出版社领导的慧眼。对于出版社的自信，评委们自然有所踌躇。

其实，面对高手，我们具有相应学养的编辑一样会认真参与其写作之初的商讨；在高手的书稿交付出版社之后，我们富有责任心的编辑一样会认真去完成写作之后的编审。试想，越是面对高手的书稿，编辑在编审过程中倘有所作为，且能得到作者心悦诚服的首肯，岂不是越能显示编辑岗位的不可或缺性，越能体现编辑业务功底扎实吗？

《大道之行——中国共产党与中国社会主义》一书，虽然选题缘起是责任编辑与领衔作者电话商讨的结果，而且责任编辑从一开始就深入参与了全书写作计划的设计，在组稿上先胜一筹，可是，五位作者都是学界青年才俊、文章高手，在他们的文稿中还有多少留给编辑施展身手的余地，这是可想而知的。这时候，年轻有为的编辑没有就此刀枪入库，袖手旁观，高枕无忧，他以应有的责任心，秉承“炮制虽繁必不敢省人工”的工匠精神，开启了他的编审之旅。

由于此书定位为时政畅销书，因而其撰稿和编辑的时间势必短促。从2014年1月责任编辑与作者初步构思起，至当年年底交稿，而且都是作者原先工作计划之外的写作，时间已然紧迫。然而，更为紧迫的是案头编辑工作。2015年1月接稿，出版社连同书稿编审、装帧设计和印制在内一共只有两个月的时间。虽然书稿质量比较好，出版社依然要严格遵循三审三校程序，留给责任编辑完成案头编辑工作的时间自然很少。然而，以再少的时间处理再好的书稿，责任编辑也不敢偷工减料，他要把书中引用的资料全部查对一遍。政治类型书稿的特点决定了领导人引语和经典文献引文将会在书中多次出现，而政治类型图书的严肃性要求特别注意引文准确性问题。于是他查找出“列宁曾说小农社会是一袋土豆，现代的市民社会并没有完全脱离这一劣根性，仍然是一盘散乱的鹅卵石”这段话其中有误，经过核对确认是“马克思曾说”，而非“列宁曾说”，于是错误得以改正。

除了资料的准确性，还有资料的时效性，对于具有学术价值的专著而言，这也是来不得半点马虎和草率的，因为这将涉及论点论据的科学性。责任编辑在这上面默默地下了许多功夫。

高手的书稿还会偶有字句错讹，这当然会被用心审稿的责任编辑发现，责任编辑当然会用心地做出改正。譬如“先进亦或落后，稳固亦或脆弱，……一致亦或分歧，多样亦或单一”，其中的“亦或”显然应为“抑或”。如此等等，不一而足。我们的编辑已经在高手的书稿上留下了理当受到尊敬的字迹。

5. 整理《校勘记》之校勘记:《十三经注疏校勘记》

“十三经”通常指十三部儒家著作，分别是《诗经》《尚书》《礼记》《周易》《左传》《公羊传》《穀梁传》《周礼》《仪礼》《论语》《孝经》《尔雅》《孟子》。南宋之后把历代研究“十三经”的学问称为经学，坊刻盛行，官刻坊刻均有“十三经”刻本。清代孔尚任的《桃花扇·逮社》中就有金陵三山街的书肆店家念白：“你看十三经、廿一史、九流三教、诸子百家、腐烂时文、新奇小说，上下充箱盈架，高低列肆连楼。”可见“十三经”刻本已经在市场上普遍流通，而各种“十三经注疏”也就同时在市场上流行。在古文献专业，通常认为，清代学者阮元主持校刻的《十三经注疏》在“十三经”的注释版本中是最为完善的，是研究中国古代文化的重要参考资料。可是，数百年来，官刻坊刻不知经过多少编辑出版人士之手，错漏在所难免，而以讹传讹贻误学术更是难以一一尽数，于是清代就有了一部规模相当宏大的《十三经注疏校勘记》。而《十三经注疏校勘记》出版年代久远，又有多家出版机构经手，形成多种不同版本。现在，北京大学出版社根据古文献研究的需要，约请这方面的权威专家领衔，组织人手，启动《十三经注疏校勘记》的校勘工程。

这就是说，出版社的编辑团队要对校勘记整理工作进行最后的校勘。

也就是说，经过出版社编辑团队最后把关出版的这部巨著，不用“精益求精”这四个字来要求，是一件不可想象的事情。

出版社的编辑团队首先紧密依靠整理者团队。整理者团队成员全都具有古文献专业博士学位，整理过程中共召开过22次会商沟通会议，单是校点体例规定就前后修改了

6次。整理者团队对《校勘记》文稿更是进行了6次修改，主编者对文稿通阅通审。可是，出版社的编辑团队做些什么呢？

他们还要再做一遍《校勘记》的校勘！举一个也许并不恰当的比喻，如果说整理者团队在前面开展大兵团作战，我们的编辑团队就是在大兵团之后清理残敌；也许只不过是拾遗补阙，可是只要有遗漏，只要有缺失，这都是让人痛心之事！校雠校雠，好一个“雠”字了得！

于是，我们读到了编辑团队记录下来的体例定稿意见和审稿记录。审稿记录是每一部经典有一份记录，密密麻麻五号字，洋洋洒洒一共写满82页A4纸。细细去读出自编辑之手的校勘记，我们不由得感慨，谁还能说编辑无学呢？谁还能说在数字化网络化的演进下出版不再需要编辑了呢？倘若没有我们这些“术业有专攻”的编辑团队，只是那些在一线写作的人才，哪怕是学富五车的专家，显然也还是不能保证著作无误，更不要说也许还会有“谬种流传”了。

6. 为了一种挚爱：《梵高传》

与其说是为了编辑一部厚达千页的巨著，需要精神上的支撑，毋宁说是为了对一部传记作品价值的认可，甚至是为了对传主的心向往之，责任编辑购买了市面上能买到的所有梵高传记，包括一本收录了梵高所有画作的英文画册，把一些艺术通史，比如《艺术的故事》等从头又通读一遍。她说她还为此入手了一个绘有梵高向日葵的马克杯，日日伴她编稿。就这样，《梵高传》的中文简体翻译书稿在梵高艺术人生浓浓的氤氲中一页一页地完成了编辑工作。

编辑为发现一部当代名著并获得其中文版权而兴奋。这是一部最新的《梵高传》，两位作者均为普利策奖得主。他们借助先进的信息技术手段对海量的梵高研究文献进行通盘整合和真伪辨识，丰厚的资料、精致的细节、畅达的文字描绘出梵高充满英雄主义的传奇一生。他们与阿姆斯特丹梵高博物馆倾力合作，使得以往从未触碰过的素材浮出水面，为后印象派大师梵高创作出了一幅巨细靡遗、令人心醉的肖像画，让今天的人们更加接近这位逝去已久的伟大而又神秘的艺术家。就这样，她的编辑工作进入了为梵高而兴奋的日日夜夜。

编辑为请到美术理论界的大咖担纲主译而兴奋。主译者曾经是一套声誉极高的艺术理论著作的主编，也特别喜爱梵高其人其作。针对这样一部面向大众读者的权威巨著，我们希望译者既有深厚的理论专业背景，又对大众读者有足够的关照。主译者正是这样一位具有足够的责任心的专家。他要求付印样一定要亲自审阅一遍，由于清样是单面打印的，摞起来装满了整整一个大纸箱。就这样，她的编辑工作进入了与主译者密切合作的时时刻刻。

编辑为能够成为主译者的助手而兴奋。千页著作，译法前后不一致的问题乃司空见惯。尽管在译前译者就单独花了三个月，整理出了一份几十页的译名对照表，但由于共有四位译者，而且都是挤出业余时间翻译，难免有考虑不周的地方。这时候编辑迎难而上，按英文检索，一个个核对中文译法是否一致，光是这件事情就占用了她差不多一整个月。可想而知，那难免是一件相当枯燥的事情，然而，事后她轻松言及，可以想见，对于这项工作她乐此不疲。

编辑还为自己需要多方请教专家而兴奋。梵高通晓四国语言，即荷兰语、法语、英语和德语，因而原著中这四种语言都时有出现，译者虽然解决了相当部分多语种的翻译，可是也还留存一些瑕疵，何况，作为专业译文出版社的编辑，必须核对原文进行编辑，于是她在社里请求各大语种编辑的帮助。原著二位作者是哈佛大学法学院出身，因此法律教育背景在书中有着许多具体体现，编辑为此花费大量时间，在编辑工作中向法律、艺术、历史等方面的专家请教，尤其是在一些微妙细节的翻译上。

我们从编辑撰写的审读报告和书评文章中感觉到她的兴奋之情跃然纸上。我们理解，这种种兴奋，均出自她心中的一种挚爱——对一部一流艺术研究著作的挚爱，对一部高质量翻译文稿的挚爱，更是对自己所从事的事业的挚爱。

后　记

《致青年编辑的十二封信》就要面世了。每当自己有新书面世时，我心里总会有感激之情涌动，感激所有帮助过我的人。

这本书的出版，首先要感谢《中国新闻出版广电报》。十二封信的写作实际上是一次命题作文。命题人是《中国新闻出版广电报》，具体说来就是这家报社的《出版周刊》主编左志红女士。十二封信写作的启动和完成，实在是左志红女士的灵感闪现、精准策划，特别是执着约稿的结果。最初，她问我能不能像著名美学家朱光潜当年给青年写信那样，开个专栏，给当今的青年编辑写信，记得当时我有点儿愕然。我知道，朱光潜先生的《给青年的十二封信》

是一部名著，1929年3月由开明书店出版，享誉至今。面对这样一部名家名作，我可从来不曾有过摹写的念头。然而左志红的灵感是动人的，策划是精准的，更重要的是，她约稿是一如既往执着的。还有，《出版周刊》的责任编辑袁舒婕始终是认真负责地催稿和编稿，此外一直及时地为我提供写作中所需要的资料。如此这般，这才有了给书同兄的第一封信于2019年7月8日在该报的显著位置刊出，从此半月一信，一发而不可收（只是中间因为疫情，时间有所耽搁），直到2020年4月27日发出最后一封信。这项写作任务最终得以顺利完成，我是从心底里感谢左志红和袁舒婕二位编辑高水准合作与支持的。

这项写作任务最终得以顺利完成，我还要郑重感谢中国新闻出版广电报社的各位领导。这不是客套。报社领导相当敏锐、非常及时地确定了这个选题，而且自始至终地高度重视这个栏目，特别是第一封信刊发后，马国仓社长、李忠总经理、任彦宾副总编辑分别给我反馈读者的热情反响，赞赏之意溢于言表。新到任的总编辑丁以绣先生也及时向我表达了热情诚恳的赞许。马国仓先生还欣然应邀为本书的出版撰写了饱含激情的序言。

如果说，报社编辑高水平的合作是对我的写作有力的推动和帮助，报社领导们真诚的赞赏是对我的写作及时的给力和加持，那么，众多读者自发的点赞、评论则给了我莫大的鼓舞和希望。第一封信在报纸上和网上发布，立即引来许多读者的点赞和评论。此后每一封信发布，都好评不断。给予好评的读者，有的是交谊多年的出版业领军人，有的就是年轻的同行——“书同兄”们，还有不少未曾谋面的陌生朋友，无论是哪一种情况，都让我有喜获同道的欣慰。身边的朋友们都觉得我能坚持写好、写完这十二封信不易，但只有我知道，有报社编辑的合作，有报社领导的支持，加上那么多读者的喝彩和期待，我不坚持把这些信写好、写完都不可能。为此，在结集出版之际我要特别向所有读者表示衷心的感谢！

十二封信不长，然而，来自各方面的反响却情意绵长。特别是业内不少同行的热烈反应完全出乎我意料，实在是我和报社编辑合作之初不曾想到的。内蒙古文化出版社的姜继飞先生，一位素未谋面的年轻编辑，自称“小编一枚”，最先发来一封长信，对十二封信做出了热烈的回应。这封长信还有一个题目：《从未有人对我说过如此之多：拜读〈给青年编辑的十二封信〉兼及回信》，第一眼看到这个题目，我就有感叹，感叹行业代有人才出。此后，又有上海交通大学出版社、陕西师范大学出版总社等著名出版机构组织本社青年编辑研读十二封信，书写各种心得文字。社领导还把其中一些心得文稿通过微信发给我和报社编辑。阅读这些文稿，我有一种被超越的感觉。他们是真实的、诚恳的、生动的，是摩拳擦掌的，是跃跃欲试的，是春意盎然的！我能感觉到这些出版机构的人才队伍活得像一个人，一个年轻人，精神抖擞，满眼生机，求知若渴，一往无前。

最后，我要说，人民教育出版社对十二封信的反应愈发让我始料不及。第一封信刚发表，黄强社长几乎是第一时间联系我，盛情约定待全部文稿发表后交由他们结集出版。黄强兄乃业内才俊，行业领军人，多年好友，他的邀约对我当然是一番浓俨的美意和莫大的鼓舞，不立刻应承下来自然是不可能的。此后便是副总编辑魏运华一直跟进联系，直至前不久他前往语文出版社履新。再接着便是编辑室主任张华娟和责任编辑苏丹前来韬奋基金会与我面商出版事宜。说来也巧，张华娟主任曾率领编辑室同仁来与我策划“编辑素养丛书”的选题，第一封信发表后，她当即建议将《致青年编辑的十二封信》作为丛书的第一本书重点推出。如此巧合，如果说不是英雄所见那就是天意了。

为此，在《致青年编辑的十二封信》新书面世之际，我要感谢人民教育出版社。他们并非只是做了一些结集出版的工作，而是对全书做了颇具增加值的总体设计。他们策划选入若干读者的反馈，让“书同兄”们真实呈现，增添了书信体书籍的趣味。他们在我过去的编辑出版学著述中选择了十余篇随笔，附在十二封信后面，在与新编辑交流的书信之后增添了一些专业研究的含量。为了全书的整体设计和营销，与此书业务直接相关的编辑、设计、营销人员曾齐聚我的办公室，与我进行充分交流和讨论。凡此种种，都让我心怀感激之情。

在与人民教育出版社合作过程中，尤其让我感激乃至感动的是，编辑们并不曾因为书中所有内容都曾经在报刊上发表过而放松了全书的文案编辑工作。责任编辑苏丹对书中所有内容都字斟句酌，简直到了“锱铢必较”的地步，很有一股“不管不顾”的坚韧劲儿，大大出乎我的意料。何况，她没有白忙乎，在文法修辞上还真能提出不少修改意见，而且绝大多数都被我接受。我很高兴，为此在退回编改过的书稿时给她并张华娟主任附上一信，表达一个老编辑的感佩和一个老作者的感激。我在信中写道：

“经你们编辑过的书稿我已过了一遍。很震撼！苏丹的初审和华娟的复审都做得很认真，很仔细，很具水准。作为同行，我很感慨，感慨现下的中青年编辑人才果然了得！作为作者，我很感激，感激你们的‘良朋嘉惠’，让我收益良多！……”

信虽然写得匆忙，未能充分展开，可确实是我当时心情的真实表达。想来，我真应该认真写下第十三封信，感谢左志红、袁舒婕她们，感谢张华娟、苏丹她们，感谢为本书在写作、刊发、出版乃至交流上提供过帮助的所有朋友，感谢大家的“良朋嘉惠”。那么，这篇后记，就权当作《致青年编辑的十二封信》之后的第十三封信吧。致敬所有合作者，致敬所有朋友，致敬所有读者，致敬大家！

聂震宁

2020年8月10日清晨